Texte détérioré — reliure défectueuse

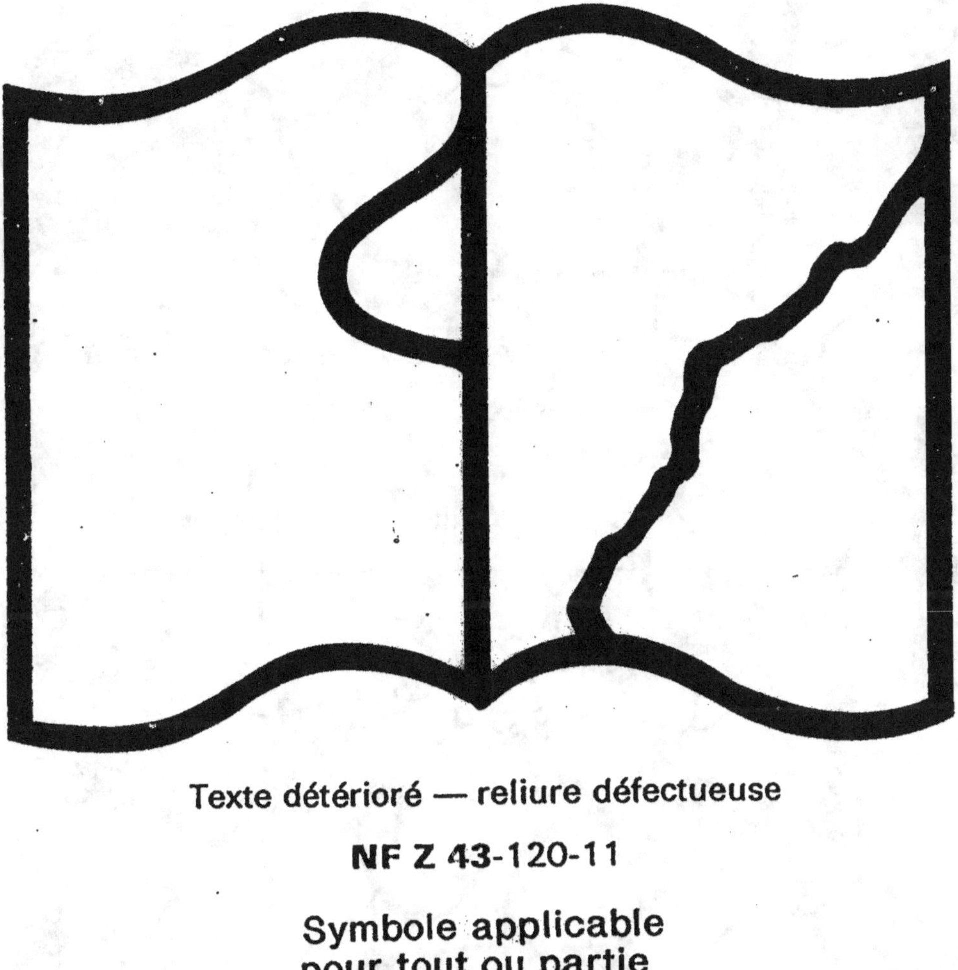

NF Z 43-120-11

Symbole applicable
pour tout, ou partie
des documents microfilmés

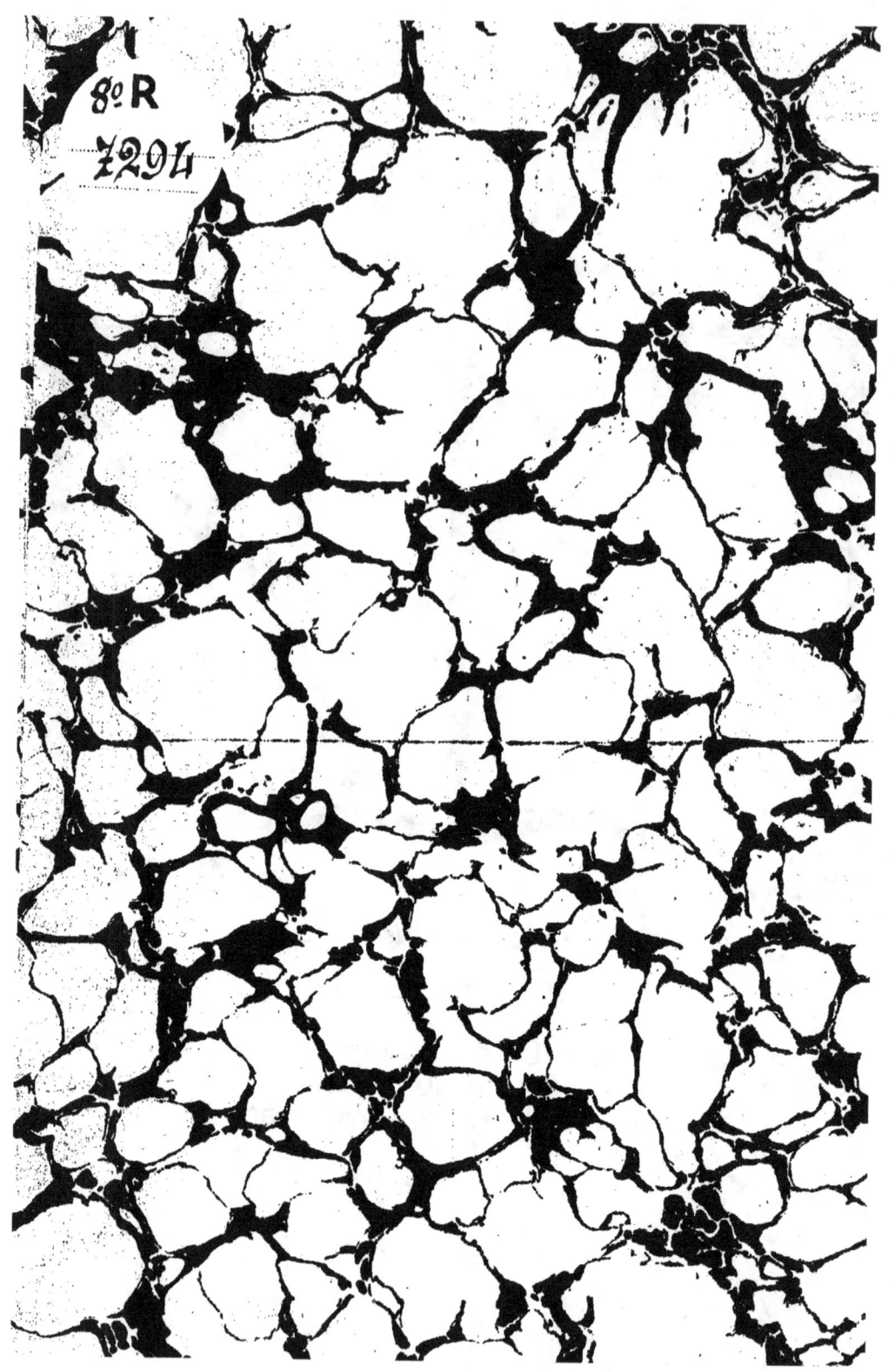

LE RÉGIME ET LA RÉFORME

PÉNITENTIAIRES

TRAVAIL INDUSTRIEL PRISONNIER :
SA STATISTIQUE, COMPARÉE A CELLE DU TRAVAIL LIBRE.
SON REMPLACEMENT PAR LE LABEUR AGRICOLE.

IRRATIONALISME ET REVISION
DES PÉNALITÉS ACTUELLES

PAR

B. NICOLLET

Publiciste agricole et économiste, à Grenoble : de Laissaud (Savoie) ;
Membre correspondant de la *Société Florimontane* d'Annecy, etc.

PRIX : 2 fr. 50 *(franco).*

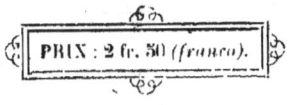

GRENOBLE

Chez l'Auteur, rue du Lycée, 24.

Février 1886.

ÉTUDES SOCIOLOGIQUES

LE RÉGIME ET LA RÉFORME

PÉNITENTIAIRES

TRAVAIL INDUSTRIEL PRISONNIER :
SA STATISTIQUE, COMPARÉE A CELLE DU TRAVAIL LIBRE.
SON REMPLACEMENT PAR LE LABEUR AGRICOLE.

IRRATIONALISME ET REVISION
DES PÉNALITÉS ACTUELLES

PAR

B. NICOLLET

Publiciste agricole et économiste, à Grenoble ; de Laissaud (Savoie) ;
Membre correspondant de la *Société Florimontane* d'Annecy, etc.

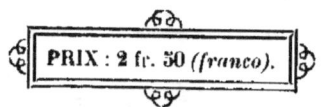

PRIX : 2 fr. 50 *(franco)*.

GRENOBLE
Chez l'Auteur, rue du Lycée, 24.

Février 1886.

(Extrait de la *Revue saroisienne*.)

Annecy. — Imprimerie Fr. ABRY.

SOMMAIRE DES MATIÈRES

IV.

ERRATA.

Après l'impression de cette *Etude*, un de ces homme[s] ... sympathie desquels on s'honore et dont le concours m'a été très précieux pour la publication de mon œuvre, — M. Aimé Constantin, secrétaire de la *Société Florimontane*, — a eu la bienveillance de me signaler quelques contradictions de chiffres sur des nombres qui auraient dû cependant avoir les mêmes totaux. Un examen attentif m'a démontré en effet quelques dissemblances dont, pour la plus grande partie, la cause est due à celles que je viens de constater dans les documents officiels eux-mêmes : de là ces dissemblances dont deux (page 42) me sont personnelles par erreurs d'additions.

Quoique, au fond, ces quelques nombres erronés ne puissent modifier **EN RIEN** ni mes argumentations, ni mes solutions, je crois cependant devoir les rectifier, soit pour mon travail, soit même pour le Rapport officiel de 1880.

Ainsi,

Page 17. Au lieu de :

En France (les deux sexes) 51,598,	lisez : 49,288
En Algérie   —   1,491   —   4,761

TOTAL GÉNÉRAL . . . . . 53,090, lisez : 54,049

Page 18, ligne 7. Au lieu de : « Donc, 4,320 criminels de moins en 1880 qu'en 1877, » lisez : « Donc, *3,381* criminels de moins en 1880 qu'en 1877. »

Même page, ligne 31. Au lieu de « Total 4,775 individus sur 53,090, » lisez « Total, 4,775 individus sur *54,049*. »

Page 42. (Cette page contenant plusieurs chiffres erronés, je crois plus pratique de redonner ici, mais corrigé, le *Résumé général des statistiques* en entier.)

§ 1ᵉʳ. — Nombre total des Détenus au 30 décembre 1880 dans toutes les Prisons de la France continentale.

En maisons centrales d'hommes.	11,616
— de femmes	2,729
En pénitenciers agricoles.	2,311

En maisons d'arrêt départementales :

Hommes.	19,332	
Femmes.	4,327	23,659

En établissements d'éducation correctionnelle :

Garçons.	7,215	
Filles	1,758	8,973

TOTAL pour la France sans l'Algérie. . . 49,288

(dont 885 étrangers).

§ 2. — Nombre des « occupés » dans toutes les Prisons.

	Sexe masculin.	Sexe féminin.	Journées de travail.	Produit en francs.
Centrales	10,372	2,492	4,182,871	4,083,947
Les trois pénitenciers de la Corse	1,949	»	566,999	357,151
Prisons départementales. .	14,834 hommes et femmes.		4,130,460	2,130,846
Enfants correctionnels . .	6,860	1,716	2,328,490	Point de chiffres.
Chambres et dépôts de sûreté	Point de travail.			
TOTAUX pour la France . .	34,015	4,208	11,208,820	6,571,044

En tout : *occupés* en 1880 . . . 38,223 détenus, sur un total de 49,288.

Page 57, chap. VI, à la 2ᵉ ligne du titre, au lieu de *régie*, lisez *entreprise*.

AVANT-PROPOS

La si grave et si complexe question du Récidivisme est plus que jamais à l'ordre du jour. Elle passionne si fort l'opinion publique et la Presse, qu'il semble que l'on soit en face de l'un de ces effarements qui s'emparent parfois d'une Nation tout entière, et qui, pendant un temps quelconque, lui enlève la possibilité de juger sainement sur ce qui l'apeure pour ainsi dire.

La loi que le Parlement a si laborieusement discutée, puis votée, n'a pas dit son dernier mot. Elle est loin de nous paraître avoir résolu cette très grosse question dans un sens fécond, heureux. Sans partager le pessimisme de MM. Clémenceau et Nadaud, pas plus que l'optimisme de MM. Herbette, Waldeck-Rousseau et Waddington, nous estimons que l'on a plutôt fait de la compression, de la dureté, voire même de l'ostracisme, que du progrès pénitentiaire.

Cette loi n'est qu'un coup de force qui, pour la France comme pour l'individu, restera inféconde, si l'on considère bien les buts à atteindre et ceux qui, en réalité, seront obtenus. Il ne peut sortir de la nouvelle législation cette MORALISATION UTILITAIRE qui doit être le résultat de toute répression pénale. Au fond, nous ne voyons en elle qu'un fait brutal : celui de la suppression d'une sorte d'épouvante devenue générale ; et, disons-le tout de suite, ce *fait*, — qui est condamné à rester incidentel, provisoire, — serait trois fois plus onéreux pour nos finances que le régime actuel, lequel cependant ne peut ni ne doit durer davantage.

Après y avoir réfléchi pendant des années, nous sommes convaincu qu'il y a devoir et possibilité de mieux faire. Il est d'un très grand intérêt général de creuser ce sujet, non pas en proscripteur apeuré frappant illogiquement sur ce qui le fébrilise, l'effraie, mais en moraliste, en économiste, en vrai législateur ; et, pour aboutir à actes justes, fertiles, il convient d'abord de bien connaître ce qu'il y a dans les prisons actuelles, puis d'en utiliser l'*effectif*, de rendre en quelque sorte, qu'on nous pardonne cette expression, *fécond le crime*, au moyen d'une réforme radicale de la pénalité actuelle, laquelle est souverainement illogique, stérile, souvent en contradiction flagrante avec toutes les notions de l'équité, de la vraie justice.

Tout au fond du récidivisme, à sa base même, il y a des nombres, des faits, des situations que seuls connaissent quelques « chercheurs, » de ces très rares économistes qui, dans le seul intérêt général et sans exclusivisme d'aucun drapeau, scalpent pour ainsi dire les statistiques afin d'y découvrir, après d'ardues recherches portant souvent sur des centaines de documents et bien des milliers de chiffres, ce que nous appellerons volontiers « *les primordialités de la vie publique.* » Certes, nous n'avons pas l'outrecuidance de nous mettre au rang de ces penseurs ; et pourtant, fort de nos nombreuses publications, depuis trente ans, sur tout ce qui est économie politique ou sociale, économie domestique et alimentation publique, nous allons essayer de faire au moins un peu de lumière *dans* et *sur* les prisons françaises.

Heureux si, là encore, nous avons pu être utile à cette France à laquelle s'est annexé notre berceau, notre bien-aimée et loyale Savoie !

Grenoble. — Août 1885.

B. NICOLLET
(de Laissaud, en Savoie.)

PRÉFACE

Considérations générales. — Buts de cette Etude.

I.

A certaines époques, les peuples semblent comme en travail de gestation. Alors le Passé, quelque rapproché qu'il soit, n'est plus que de l'Histoire ; le Présent s'écroule : il faut préparer l'Avenir pour que, à son tour, il devienne un Présent adapté aux générations et aux idées nouvelles.

La première République fut une phase de transformations avant tout politiques.

L'époque dans laquelle nous vivons tend irrésistiblement à devenir, plus particulièrement, une ère préparant pour des temps presque proches des transformations sociales très considérables.

Chaque jour cette tendance bien caractérisée s'accentue par de multiples faits, par mille rumeurs qui vont *crescendo*. De toutes parts surgissent des signes précurseurs ; de tous côtés, on entend des voix révélatrices d'un nouvel ordre de choses à l'avènement duquel il est prudent de se préparer ; car malgré, d'une part, les bégaiements, les illogismes, les exagérations des classes ouvrières n'ayant pu acquérir, — il s'en faut de beaucoup, — la science et le sang-froid sociologiques ; malgré, d'autre part, des résistances qui, quoique de natures fort diverses mais à buts à peu près identiques, cherchent à mettre obstacle à de meilleures assises sociales, ces assises sont étudiées, leurs maté-

.riaux commencent à être mieux connus, mieux choisis, et il est probable que d'ici à peu d'années le nouvel édifice social commencera à émerger des limbes actuels ; à une condition toutefois, — condition inéluctable : — c'est qu'aucune école socialiste ou seulement révolutionnaire ne persistera à vouloir encastrer dans tel ou tel lit de Procuste un Peuple, une Humanité non suffisamment prêts pour telle ou telle évolution d'idées ou de faits.

En tout ce qui touche aux « transformismes » sociaux, le premier devoir des ouvriers, des penseurs, des économistes, des législateurs, des hommes d'Etat, est d'être essentiellement *pratiques*. Ce n'est qu'en politique que l'on peut se permettre des phrases.

Oui, L'ÈRE ACTUELLE EST CELLE DE L'ÉTUDE DES QUESTIONS SOCIALES ; et toutes ces questions, si nombreuses, ont soit chacune d'elles, soit vues d'ensemble, une extrème importance.

II.

Parmi ces « questions » économiques, il en est une qui, depuis 1848, n'a pour ainsi dire cessé de passionner le Prolétariat : c'est celle du *travail dans les prisons*. Les ouvriers « libres » voient dans le travail fait en prisons une concurrence désastreuse pour leurs intérêts. Longtemps, plus encore en ces quatre ou cinq dernières années, ils ont fait de cette concurrence une cause presque principale de la minimité de certains salaires, tandis que, en réalité, les causes vraies de cette vileté sont dans d'autres ordres de faits généraux, spéciaux ou locaux. J'en donne ci-après les preuves incontestables, en faisant successivement passer sous les yeux de mes lecteurs les chiffres officiels (Iʳᵉ PARTIE) :

1° De la population et de la production industrielles de. la France ;

2° De leur outillage mécanique à vapeur ou hydraulique ;

3° Des moyennes comparées des salaires du travail « libre » et du travail « prisonnier. »

Puis, par comparaisons (II° PARTIE) :

4° Les nombres des détenus et détenues occupés dans les maisons centrales, d'arrêt, de détention, ainsi que ceux des récidivistes et des jeunes garçons et jeunes filles mis jusqu'à leur majorité en colonies correctionnelles ;

5° Les natures de travaux des condamnés, les nombres de leurs journées de travail, les sommes qu'ils ont gagnées, les emplois de ces sommes, et les moyennes quotidiennes de leurs salaires en chaque catégorie de prisons.

Je donne aussi les mêmes statistiques :

6° Pour les prisons des départements de la Haute-Savoie, de la Savoie et de l'Isère ;

7° Pour les trois *pénitenciers agricoles* de la Corse (il n'y en a pas en France continentale).

Les chiffres, les faits si nombreux exposés dans les Ire et II° PARTIES de cette Etude auront d'abord un immédiat et victorieux résultat : celui d'apaiser pour toujours sur cette question les esprits des salariés, en leur en montrant la vérité indiscutable ; réalité qui m'a surpris et apaisé moimême tout le premier, car, ainsi que mes anciens collègues en Prolétariat, longtemps j'ai cru que le travail « prisonnier » faisait au « libre » un tort considérable. Au fond, c'est un *fétu*. Toutefois, quoique atomique, le travail industriel des condamnés doit disparaître pour faire place à des mains-d'œuvre sérieuses, fécondes, moralisatrices au premier chef, et non plus, ainsi que celles du régime pénitentiaire actuel, IMPRODUCTIVES soit comme résultat industriel, soit comme réparation des préjudices causés par le crime ou le délit d'un condamné, soit comme moralisation ; au contraire ! Et cette improductivité est à peu près complète là où le système cellulaire est pratiqué ; pis encore, la « cellule » ne se contente pas d'infertiliser le Présent d'un condamné : elle l'émacie, elle le cadavérise pour toujours ; elle en fait une « non-valeur sociale »..... (Voir IIIᵉ PARTIE).

III.

Ces démonstrations industrielles faites, cette Etude devait rationnellement entreprendre une tâche bien plus utile encore que celle de démontrer l'inanité de la concurrence que les Ouvriers croyaient faite à leurs ateliers par ceux des prisons ; je me suis, en outre, imposé le quadruple devoir de montrer :

Dans la IIIᵉ PARTIE,

1º Les défectuosités si nombreuses, si graves, du régime pénitencier actuel en maisons centrales, prisons départementales, colonies de jeunes détenus, pénitenciers agricoles de la Corse, en indiquant les « mieux à faire » ;

2º Les tristes conséquences du système de l'emprisonnement cellulaire ;

3º Les modifications nécessaires au personnel de gardiennage des prisons ;

4º L'indispensabilité de la suppression du régime de « l'entreprise » pour les travaux des détenus.

Dans la IVᵉ PARTIE,

Les lacunes, regrettables à tous les points de vue, dans la répression et la réparation des crimes et délits.

Dans la Vᵉ PARTIE,

Les immenses et très nombreux avantages qui résulteraient de l'adoption, pour tous les condamnés au-dessus de trois à quatre mois, du labeur *agricole* et *horticole* (dans chacune de ses branches) en des FERMES PÉNITENTIAIRES, desquelles j'indique le nombre, les emplacements, les cultures, les voies et moyens de fondation, les utilisations spéciales des récoltes, les produits financiers, le gardiennage, ce que deviendront les condamnés à leur libération, etc. ;

Enfin, quels emplois, — réellement heureux sous tous les rapports puisqu'ils indemniseraient les victimes des criminels, — on devrait faire des excédents de recettes obtenus par l'ensemble des diverses productions des FERMES PÉNITENTIAIRES dont je propose la création ; excédents certains d'ici à peu d'années.

IV.

Je me plais à espérer qu'après m'avoir lu avec attention, chacun de mes lecteurs me rendra ce bon témoignage : que, dans cette nouvelle publication, comme dans toutes mes précédentes, j'ai cherché à être, encore et toujours, utile à la saine Démocratie : c'est-à-dire à celle qui fonde, celle dont se trouve, — ou se trouvera bien, — l'universalité de la France, car, toujours et avant tout, j'abrite mes travaux d'intérêt général sous l'impérissable drapeau du *Bien*, afin que ce Bien soit plus rapide, plus profitable *à tous*.

Sans plus de prémisses, j'entre en pleines Statistiques.

Ire PARTIE

TRAVAIL LIBRE. — SA STATISTIQUE.

CHAPITRE PREMIER.

Population industrielle. — Nombre d'ouvriers et de patrons. — Moyennes d'ouvriers par patrons.

En ce qui touche notre sujet, voici d'après le dernier *Annuaire officiel de statistique générale,* publié en 1884, les chiffres du recensement de 1880 :

GRANDE INDUSTRIE.	OUVRIERS JOURNALIERS.		EMPLOYÉS, COMMIS, etc.	
	Hommes.	Femmes.	Hommes.	Femmes.
Mines, carrières, usines métallurgiques......................	333,155	68,918	24,973	3.922
Toutes autres usines ou manufactures.	529.284	331,743	59,403	15,753
TOTAUX.....	862,439	420,661	84,376	19,675

TOTAUX..... 1,387,151

Membres de la *famille,* sans profession distincte, vivant avec les précédents :

Hommes 567,727

Femmes............... 1,071,151 ci 1,638,878

3,026.029

Patrons de la grande industrie : mines, etc. :

Hommes 28,903

Femmes............... 3,655

Autres usines, etc. : Hommes...... 69,506

Femmes ..... 11,859 ci 113,923

TOTAL pour la *grande industrie*... 3,139.952

PETITE INDUSTRIE.	OUVRIERS.		EMPLOYÉS.	
	Hommes.	Femmes.	Hommes.	Femmes.
Ouvriers, façonniers, etc........	1,007,200	741,299	85,262	52,691

$$1,886,452$$

Membres de la *famille* desdits :
Hommes 1,015,410
Femmes................ 1,991,230   ci 3,006,640

$$4,893,092$$

Patrons de la petite industrie :
Patrons 847,448
Patronnes................ 218,190   ci 1,065,638

TOTAL entier pour la *petite industrie*...	5,958,730
Le *personnel* de la *grande* étant de........	3,139,952
Le TOTAL GÉNÉRAL pour toutes deux, y compris patrons et employés, est donc de......	9,088,682
Déduction faite de ce chiffre des patrons et patronnes, dont le total est de.............	1.179,561
Il reste, pour les *ouvriers* et *employés*, c'est-à-dire les *salariés* et leurs familles, — la *classe ouvrière* proprement dite, — une population de	7,919,121

Huit millions d'âmes en chiffre rond.

Soit, — qu'on le remarque bien, — 26 ouvriers 1/2 pour 1 patron dans la *grande* industrie, 4 ouvriers 1/2 pour 1 patron dans la *petite*. Qu'on le remarque plus encore : en 1875, il y avait 2 ouvriers pour 1 patron dans la petite, 6 pour 1 dans les fabriques, usines, etc., et 11 pour 1 dans les industries extractives. Il y a donc aujourd'hui *augmentation* de 2 1/2 ouvriers dans la *petite*, de 9 1/2 pour 1 dans la *grande* industrie : *dès lors, 1 pour 12 de plus qu'en 1875, en cinq ans, ont délaissé l'Agriculture pour l'Usine.*

La moyenne générale est de 6 ouvriers 3/4 pour 1 patron.

A Paris, il y a 39,000 patrons et 550,000 ouvriers, y compris 62,000 *façonniers* travaillant chez eux, ou seuls, ou en famille, ou avec un ouvrier ou un apprenti. La moyenne, à Paris est de 12 ouvriers pour 1 patron.

Il y avait en 1875 *(Compte-rendu du ministère du Commerce)* 16,280 établissements mécaniques. Fin 1881, ce nombre était de plus du double : 35,512. Dans ce chiffre, la Haute-Savoie entre pour 84, la Savoie 64, l'Isère 631.

QUATRE OUVRIERS ET DEMI POUR UN PATRON DANS LA PETITE INDUSTRIE : voilà un chiffre qui, lui aussi, va faire tomber bien des exagérations contre le *Patronat !* On se dira, en effet :

1º Que les 847,448 patrons et les 218,190 patronnes, soit 1,065,638 de cette catégorie, ne sont, au fond, pas autre chose que des ouvriers ou ouvrières *arrivés ;*

2º Que leurs 1,387,151 salariés peuvent être considérés comme des postulants, des surnuméraires du patronat, auquel, pour la majeure partie tout au moins, ils visent ou *doivent* viser à arriver tôt ou tard. Donc, en cette catégorie, crier contre les patrons, c'est tirer sur ses propres troupes.

Par contre, la moyenne de 26 ouvriers 1/2 pour 1 patron dans les mines, les manufactures, est douloureuse, car, ici, nous sommes complètement en présence de la grande exploitation, non seulement de l'ouvrier y employé, mais aussi de la petite industrie, mais aussi de la consommation, par des Compagnies qui, disposant de millions de francs étroitement unis, se constituent en réalité de véritables monopoles.

En cet ordre de faits, il n'y a qu'un moyen de lutte : les syndicats professionnels, de sérieuses associations ouvrières. C'est pour cela, — comme aussi pour arriver à l'union et à l'instruction fécondes des ouvriers, — que, dans la trop petite mesure de mes forces, je préconise depuis quarante ans l'extension de ces syndicats, qui, s'ils restent bien dans leur voie, s'ils n'en sont pas détournés par n'importe quelles influences politiques, sont destinés à substituer aux monopoles des grands capitaux les associations ouvrières, si fructueuses à la fois pour le producteur et le consommateur, car, au double bénéfice de la consommation, une société ouvrière de production industrielle, — et même agricole, — peut se contenter d'une partie seulement du gain patronal sur le salarié, tout en exécutant mieux le travail. De par une concurrence ainsi faite, les prix des produits sortant des léviathans manufacturiers seraient bien forcés de moins vite « surenrichir » les grands chefs actuels de l'Industrie, et, tout en gagnant davantage, l'ouvrier-coopérateur achèterait à meilleur marché qu'aujourd'hui.

Je reprends mes recherches statistiques.

CHAPITRE II.

Population agricole.

Quoique cette partie de statistique ne se rattache pas directement à mon sujet, il me paraît utile d'indiquer, d'abord le total de la population qui comprend le commerce, les banques, les transports, etc., puis la population agricole. En bien des cas, ces chiffres pourront servir de points de comparaison :

En 1881, on a recensé, y compris leurs familles, ouvriers ou employés et domestiques (des deux sexes) :

783,662 banquiers, commissionnaires et marchands en gros.
1,895,195 marchands au détail, boutiquiers.
1,164,590 *cafetiers, cabaretiers, hôteliers et logeurs.*

3,843,447

Le personnel des chemins de fer s'élevait en 1881 à 549,568.

Les nombres de la population agricole (y compris familles, domestiques, etc.) sont curieux à étudier; les voici, fin 1881 :

Propriétaires vivant dans leurs terres et les cultivant eux-mêmes.	9,176,532
Fermiers, colons et métayers......	5,032,425
Petits propriétaires, travaillant aussi pour autrui..........	3,522,036
Forestiers (charbonniers, bûcherons, etc.)................	518,216
Jardiniers, pépiniéristes, maraîchers, etc................	380,000
TOTAL...........	18,629,209

Ecoutez bien : en 1875, le chiffre de la population agricole était de 19,542,000 : *en six ans*, il y a donc eu désertion des campagnes par près d'un million d'âmes.....

Les rentiers (1,400,000), le clergé (51,827), l'armée (552,851), la magistrature, l'enseignement, les professions libérales (1,850,000), la marine marchande (252,000), etc., forment le complément de la population de la France.

CHAPITRE III.

Productions industrielle et agricole du travail « libre ».

Défalcation faite de leurs familles, des patrons et des employés, nos 3,273,603 ouvriers et ouvrières produisent (*Enquête parlementaire*) pour environ 12,800 millions de francs, dont 6,360 millions de francs attribués à la grande industrie, et 6,440 millions de francs à la petite industrie.

Sur ce chiffre de 12,800 millions de francs, il y a à déduire environ 7 milliards 800 millions de matières premières, soit le 60 p. %. Donc le 40 p. %, ou environ cinq milliards de francs, représentent la main-d'œuvre, les salaires, les frais généraux de fabrication et les bénéfices des patrons.

Il s'ensuit que 3,273,603 ouvriers et ouvrières ajoutent, par leur mise en œuvre, une valeur de cinq milliards de francs aux sept milliards 800 millions de francs de matières premières.

Le total de 12,800 millions se décompose ainsi (*Statistique de la France*) :

Textiles..	3.427 millions.
Alimentation (panification, comestibles)..............	2.228 —
Habillement, linge, pour hommes et femmes..........	1,400 —
Bâtiment et accessoires (salaires et profits)...........	1,680 —
Ameublement......................................	550 —
Sucre, boissons (vins ordinaires non compris)........	550 —
Peaux, cuirs, sellerie..............................	400 —
Produits chimiques, matières grasses, etc.............	750 —
Fer, fonte moulée, tôle, acier......................	300 —
Métaux divers, quincaillerie, outils, serrures..........	300 —
Mines de toutes sortes.............................	265 —
Bijouterie fine ou fausse, orfèvrerie, etc..............	200 —
Papier, impressions, instruments de musique et de précision.......................................	150 —
Céramique cuite, poterie, porcelaine, verre...........	150 —
Pêche grande et petite.............................	150 —
Divers..	300 —

ENSEMBLE (production annuelle), ensemble.. 12,800 millions.

En *1788*, la valeur des produits industriels n'était que d'environ un milliard, dans lequel la matière première entrait pour 40 p. %, la main-d'œuvre pour 60 p. %. — En 1850, proportions : matières premières, 56 p. %; main-d'œuvre, 44 p. %. — En 1873, matières premières, 68 p. %; main-d'œuvre, 32 p. %.

A quoi attribuer cette diminution de 28 p. % entre la moyenne de la main-d'œuvre de 1873 avec celle de 1788, et de 16 p. % comparativement à 1850? Non pas à la baisse réelle des salaires, qui ont au contraire grandement augmenté (voir plus loin, chap. V, *Salaires*), mais à diverses causes, en tête desquelles il faut mettre l'emploi croissant des machines, les perfectionnements de l'outillage et des procédés de fabrication, et la cherté plus grande de bien des matières premières.

Maintenant, ouvriers et consommateurs, méditez ceci, que j'extrais du Rapport général de la délégation française à l'Exposition universelle de Vienne (Autriche) :

« Aujourd'hui, les *intermédiaires,* qui divisent et livrent
« à la Consommation les objets nécessaires à la vie, vendent
« *quinze milliards* ce qui leur coûte *sept milliards cinq*
« *cents millions.* » Voilà l'une des causes de la cherté
croissante de la vie. Tout en n'adoptant que sous bénéfice
d'inventaire ce profit de 100 p. º/₀, — lequel doit, d'ailleurs,
être équitablement réduit de la moitié au moins pour frais
généraux et d'agencement, de non-valeurs, d'impositions,
de risques de toutes sortes, ce qui diminue singulièrement
un bénéfice moyen évidemment surélevé, — tout en ne
me faisant l'écho d'aucune exagération contre le rôle utile
de diffusion des marchandises joué par le commerce, redi-
sons que, seules, les sociétés coopératives de consommation
pourront ramener les profits des intermédiaires à des proportions moins onéreuses pour riches et pauvres.

Avant de terminer ce § relatif à la production industrielle, il ne sera pas oiseux de dire que la production agricole a une valeur égale à la première. On peut l'évaluer à la
même somme de 12 à 13 milliards de francs. Les deux productions françaises forment donc un total d'environ *25 mil-*
liards de francs.

CHAPITRE IV.

Machines à vapeur. — Outillage mécanique.

En 1875, l'*Enquête parlementaire sur les conditions*
du travail en France évaluait la force des moteurs à
vapeur employés en industrie à 320,000 chevaux : fin 1881,
elle était de 576,424 ; celle des moteurs hydrauliques, aussi
industriels, à 260,000 ; soit environ 837,000 chevaux
mécaniques.

Chaque cheval-vapeur donne, comme travail *utile*, la force de 3 chevaux vivants (ou de 21 hommes, 7 hommes par cheval vivant). Donc 837,000 chevaux mécaniques × par 21 hommes = le travail de près de 18 millions d'hommes. — Ces nombres ont dû encore augmenter.

Les recensements des *établissements mécaniques* donnent les chiffres suivants :

Nombre desdits établissements en 1874 : 16,280 ; fin 1881 : 35,712.
— des ouvriers y employés, 800,000.
— de chevaux-*vapeur* 576,424. (V. plus haut.)

Parmi ces 35,712 établissements, on comptait en 1881 :

3,444 Filatures et tissages mécaniques (272,171 ouvriers). — Haute-Savoie, 17 ; Savoie, 11 ; Isère, 35.
4,540 Extraction des combustibles minéraux.
2,466 Fileries et moulineries de soies grèges (bien diminuées, bien en chômage depuis cinq ans). — Haute Savoie, 2 ; Savoie, 13 ; Isère, 64.
510 Fabriques et raffineries de sucre. — Point dans les deux Savoie et l'Isère.
527 Fabriques de papier (34,000 ouvriers). — Haute-Savoie, 1 ; Savoie, 2 ; Isère, 34.
357 Savons
734 Gaz.
157 Verres et glaces.
517 Céramique.
Etc., etc.

Il y a en France :

322 Concessions de mines de houille, qui emploient 89,900 ouvriers, y compris 6,000 enfants et 2,000 femmes.
4.035 tourbières ; elles n'emploient pas de forces motrices, et comptent chacune, en moyenne, 6 ouvriers.

CHAPITRE V.

Moyennes des salaires industriels « libres » comparées avec celles des salaires des détenus.

Soit au point de vue général, soit à celui spécial au sujet de cette Etude, toutes les statistiques qui précèdent sont importantes, mais les chiffres que je vais grouper sous ce titre *Salaires industriels* ont une importance toute particulière. Aussi ne reproduirai-je que ceux (officiels ou syndicaux) que j'ai trouvés dans les déclarations des syndicats ouvriers, dans les Statistiques gouvernementales publiées en 1883 et 1884, comme aussi dans l'*Enquête parlementaire* de 1875 *sur les conditions du travail en France,* quoique, pour ma part, je n'accepte pas ceux-là avec une foi aveugle, parce que j'ai lieu de croire que le Gouvernement et le Sénat de 1875 ont vu les salaires d'alors plus gros qu'ils ne l'étaient réellement, et que, par contre, les chambres syndicales les ont plutôt rapetissés que surélevés.

En cette question de salaires, il y aurait de très nombreux documents et une multitude de faits à citer, des milliers de chiffres à relever, d'intéressantes digressions à faire, telles ou telles solutions à recommander ; mais on comprend, quant à ce, que je doive me borner à mettre seulement en face et les natures similaires des travaux faits *en* ou *hors* prisons, et les salaires respectifs de ces mêmes travaux, lesquels ne portent forcément que sur un très petit nombre de ceux exécutés par l'ouvrier « libre. » Je vais donc ne relever que ce qui a trait au sujet spécial que j'examine en ce moment.

Afin que le lecteur puisse bien juger de la concurrence que peut faire au travail libre celui fait en prisons par détenus et détenues (y compris jeunes garçons et filles), je vais mettre en regard : 1° la nature des industries ; 2° le nombre des prisonniers et prisonnières y occupés ; 3° les moyennes des salaires dans et hors prisons.

NATURE DES INDUSTRIES auxquelles sont occupés [LES DÉTENUS ET LES DÉTENUES 1.]	NOMBRE des DÉTENUS et DÉTENUES fin 1881.		MOYENNE DES SALAIRES			
			du TRAVAIL PRISONNIER fin 1881.		DU TRAVAIL LIBRE en 1881, dans les villes chefs-lieux de département	
	Hommes	Femmes	Hommes	Femmes	Hommes	Femmes
			fr. c.	fr. c.	fr. c.	fr. c.
Boutons.....................	811	......				
Brosserie..................	266	......	1 55	......	4 15	......
Chaussonniers.............	1,314	......	0 87	......	2 25	......
Cartonniers...............	13	......	1 01	......	4 »	
Chaises (fabrication et rempaillage de)	287	......	1 27			
Cordonnerie clouée.........	331	327	1 04	1 23	3 50	
— cousue........	517	......	1 17		3 50	
Corsets....................	132	48	1 22	1 23	......	2 »
Couture fine...............	......	312	......	1 »	......	1 95
— grosse.........	......	310	......	0 97	......	2 85
— mécanique.......	......	480	......	0 97	......	1 80
Dorure sur bois...........	43	......	0 95		3 50	
Ébénisterie, menuiserie.......	227	......	1 17	......	5 »	
Émouchettes ou caparaçons.....	82	......	0 28		3 50	
Enluminage de gravures......	48	......	1 69		5 »	
Essieux, ressorts pour voitures..	71	......	1 25			
Espadrilles et sandales.........	303	......	0 75			
Faux-cols.................	......	149		1 13		
Ganterie.................	23	......	1 15	......	4 »	
Lits en fer................	228	......	1 51	......	4 »	
Mégisserie, peausserie.......	119	......	1 61	......	3 25	
Meubles en fer.............	28	......	1 37	......	5 50	
Ouvraison de soie..........	35	......	1 86	......	3 85	
Parapluies.................	72	......	1 42	......	4 »	2 25
Passementerie.............	49	......	2 11	......	5 »	2 50
Peignes...................	48	......	0 74			
Pipes.....................	56	......	1 52			
Reliure, papeterie..........	39	......	2 40	......	5 50	
Repassage.................	......	66		0 84		2 25
Sabotterie.................	107	......	1 25	......	3 50	
Sacs en papiers	34	......	0 80			
Sangles...................	16	......	0 97			
Semelles..................	43	......	0 99			
Soies pr brosses (préparation de)	208	......	1 21			
Serrurerie, quincaillerie.......	52	......	1 25	......	5 50	
Sparterie, paille, coco	41	......	0 40			
Tailleurs d'habits...........	275	......	1 22	......	5 »	3 »
Tissages de fil, laine ou coton...	478	......	1 55	......	3 »	
— de soie..	96	......	1 02	......	3 »	2 »
— de toile métallique....	128	......	1 24	......	3 »	3 »
Vannerie..................	674	......	1 92	......	4 50	
Cheveux..................	......	20	......	0 78	......	2 50

¹ Tous les chiffres relatifs au travail « prisonnier » sont extraits de l'*Exposé général pour l'année* 1880, édition de 1883.

D'après les prix ci-dessus comparés, il semble que la différence entre les salaires « libre » et « prisonnier » est en moyenne d'environ deux tiers ; mais il y a lieu de faire à ce sujet quelques observations et de nouvelles comparaisons, qui vont diminuer cette différence :

1° D'abord, les salaires libres [1] sont des moyennes de villes chefs-lieux de département, et encore je les ai relevés quelque peu, à cause de l'augmentation qui a pu et dû se produire depuis 1881 ; or, il y a entre les salaires dans les chefs-lieux de département et ceux dans les campagnes une différence assez notable. Prenons par exemple le travail du *tailleur d'habits* : de 1 fr. 22 en maison centrale, il est de 5 fr. en chefs-lieux et de 7 fr. à Paris. (Je serai modéré en portant à 3 francs la journée du tailleur dans les campagnes, villages ou petites villes). D'où une différence de 3 fr. 78 entre l'atelier libre et celui de la prison, et de 3 fr. 92, en déduisant des 1 fr. 22 une gratification moyenne de 0,12 c. par jour donné par l'entrepreneur de travaux au détenu tailleur.

2° A la moyenne de 1 fr. 22 du tailleur détenu, il faut ajouter celle des 0,29 c. quotidiens représentant l'encaissement de l'entrepreneur, ce qui fait 1 fr. 51, ci. 1 51

Le salaire moyen du tailleur libre étant de. . . . . 5 »

La DIFFÉRENCE entre les deux moyennes est de. . . 3 49

Les tailleurs détenus dans les maisons centrales n'étant en 1881 que de 275 *occupés,* c'est donc une différence de 979 fr. 75 par jour, et, pour 300 jours annuels, soit 293,925 fr. seulement.

———————

[1] Extraits des tableaux de l'*Annuaire statistique de la France* pour fin 1881, publié en 1884.

II° PARTIE.

—

TRAVAIL PRISONNIER. — SA STATISTIQUE.

———

Nota. — Les chiffres qui suivent ont deux sources officielles, par conséquent incontestables :

1° La *Statistique des Prisons et des Etablissements pénitentiaires, et Compte-rendu présenté à M. le Ministre de l'intérieur pour l'année 1880*, par M. *Herbette*, directeur de l'administration pénitentiaire (gros volume gr. in-8° imprimé en 1883, précieux à consulter sous bien des rapports) ; donc, tous mes nombres de prisons n'ont trait qu'à l'année 1880 ;

2° Un *Questionnaire* que j'avais dressé, et auquel M. Passano, ancien inspecteur-directeur des prisons de l'Isère, de la Drôme et des Hautes-Alpes, a eu la bonté de répondre avec une bienveillance et une précision dont je lui garde le meilleur souvenir.

CHAPITRE PREMIER.

Population de toutes les prisons de France et d'Algérie [1].

La voici, au 31 décembre 1880 (comme tous les chiffres qui sont relatifs aux prisons françaises) :

En *France* (les deux sexes)............... 51,599
En *Algérie* — 1,491
Total général........ 53,090

[1] Non compris les établissements pénitentiaires et prisons dépendant des ministères de la guerre et de la marine, tels que : ateliers de travaux publics, pénitenciers et prisons militaires, etc.; non compris non plus celles de l'Algérie, de Cayenne, des îles Marquises et de la Nouvelle-Calédonie.

2

Fin 1877, la population prisonnière totale était de 57,430, se subdivisant, pour la *France,* en 34,818 hommes, 8,142 jeunes garçons, 7,859 femmes et 1,973 jeunes filles ; pour l'*Algérie,* 4,311 hommes, 159 jeunes garçons, et, seulement, — nombres curieux, — *138 femmes et 10 jeunes filles.*

Donc, 4,320 criminels *de moins* en 1880 qu'en 1877. Les années 1876-1878-1879 comptaient aussi moins de prisonniers qu'en 1880.

CHAPITRE II.

Les Récidivistes.

Nous voici en plein récidivisme. Quoique ce ne soit certes pas l'âge d'or, on va voir que ce que mon *Avant-Propos* a appelé un effarement, une « peur collective, » a singulièrement grossi le danger. (*Rapport officiel général sur les Prisons,* de 1880, le dernier, publié en 1883.)

§ 1er. — Détenus des Prisons centrales ayant subi des condamnations antérieures entraînant la peine de la récidive. (Art. 56-57-58 du Ccde pénal.)

Leur nombre, fin 1880, était de 4,775, ainsi subdivisés :

	Travaux forcés.	Détention.	Reclusion.	Emprisonnement.
Une condamnation	1	5	649	1,461
Deux —	5	2	218	1,159
Trois —	1	»	114	638
Quatre —	»	»	47	328
Plus de quatre	2	»	54	431
	9	7	1,082	3,677

Total, 4,775 individus, sur 53,090, ou sur les 13,927 détenus dans les 15 *prisons centrales* d'hommes et les 3 *pénitenciers agricoles* de la Corse.

§ 2. — Détenus qui, sans tomber sous l'application des art. 56-57-58 du Code pénal (récidives), ont subi antérieurement des condamnations d'**un an et au-dessous.**

Nombre, fin 1880 : 5,609.

	Travaux forcés.	Détention.	Reclusion.	Imprisonnement.
Une condamnation	6	13	663	1,283
Deux —	»	2	451	926
Trois et plus........	5	7	681	1,572
	11	22	1,795	3,781

Total : 5,609 individus sur 48,315, déduction faite des 4,775 du précédent tableau.

Que d'exagérations commises par tous, même par de prétendus économistes (*rara avis !*), vont tomber devant les chiffres du § qui suit :

§ 3. — Condamnés — **récidivistes ou non récidivistes** — soumis à la surveillance à l'expiration de la peine qu'ils subissent. (Art. 44 du Code pénal.)

	Travaux forcés.	Détention.	Reclusion.	Emprisonnement avec surveillance infligée.
Hommes......	20	13	2,077	2,942
Femmes......	352	»	116	276
	372	13	2,193	3,218

TOTAL...... 5,796

Que de fois j'ai entendu affirmer qu'il y avait 100,000 individus en surveillance de la police !

CHAPITRE III.

Nombre, population et travail des maisons centrales et des pénitenciers agricoles.

Il y a en France :

15 maisons centrales d'*hommes* (à Albertville 1, Aniane, Beaulieu, Clairvaux, Embrun, Eysses, Fontevrault, Gaillac, Landerneau, Loos, Melun, Nîmes, Poissy. Riom et Thouars.

6 *idem* de *femmes* (Auberive, Cadillac, Clermont, Doullens, Montpellier et Rennes).

4 *idem* en Algérie, dont 1 de femmes.

3 pénitenciers agricoles en Corse (Casabianda, Castelluccio, Chiavari).

soit 28 maisons centrales, organisées pour recevoir 24,444 détenus.

1 Voir plus loin l'effectif et le travail de la centrale d'Albertville et des autres prisons des deux Savoie.

Au 30 décembre 1880, les 15 maisons centrales d'hommes contenaient..................... 13,927 individus,

Les 6 *idem* de femmes .... 2.729 —

Soit....... 16,656 —

pour les 21 *centrales* du continent français et les 3 pénitenciers agricoles de la Corse (2,311).

En décomposant ce total, l'on fait de très curieuses découvertes. Ainsi :

La *1re catégorie* des criminels compte 4,582 individus (2,321 forçats, 2,248 reclusionnaires et 13 *emprisonnés*) : assassinat (64), *association de malfaiteurs* (10), contrefaçon de billets de banque et fausse monnaie (113), excitation à la débauche (39), incendie (142), *traite des noirs* (1), *vols qualifiés* (3,069), etc.

Dans la 2e (5,787 individus), 15 *forçats* pour... port illégal de décorations !

La 3e (1,201 individus) intéresse spécialement la question du récidivisme : mendicité (163 *emprisonnés*), *rupture de ban* (668), vagabondage (307), etc.

Dans la 4e (3,237 individus) : viol (216), attentats à la pudeur (1,755), bigamie (10), etc.

Dans la 5e (120 individus), *intelligence avec l'ennemi (4)!*

Sur les 13,927 détenus des *centrales*, — toujours fin 1880, — il y avait 300 Italiens, 249 Belges, 126 Allemands, etc. (en tout 885 étrangers, soit le 7 °/o); 1,045 n'étaient âgés que de 16 à 20 ans, 2,381 de 20 à 25, 2,737 de 25 à 30, 3,592 de 30 à 40, 2,339 de 40 à 50, 1,233 de 50 à 60, 491 de 60 à 70, 109 de 70 ans et au-dessus.

Au point de vue religieux, il y avait 13,069 catholiques (94 °/o), 331 protestants (2,37 °/o), 40 israélites ; etc.

Chacun des chiffres qui précèdent serait à analyser par le moraliste ; je laisse au lecteur le soin d'en tirer lui-même telles ou telles déductions. Dans les dernières Parties de cette Etude, on verra quelles conclusions j'en tire.

CHAPITRE IV.

Travail industriel dans les maisons centrales de France [1].

§ 1er. — *Hommes* (15 maisons centrales).

Sur les 11,616 détenus fin 1880, 10,372 ont été *occupés;* donc, 1,244 ne l'ont pas été. — Le nombre des journées de travail a été de 3,308,521, dont la moyenne de salaire quotidien est de 99 c. — Sur ces 3,308,521 journées par 10,372 condamnés, 1,554 ont été employés au service intérieur et économique et ont fait de ce chef 545,041 journées.

Le total des salaires a été de 3,360,481 fr. 47 c., y compris 249,051 fr. 73 c. de gratifications. (Voir ci-après, § 3, pour les emplois de cette somme.)

§ 2. — *Femmes* (6 maisons centrales).

On a vu qu'en 1880 la population en a été de 2,729. Sur ce nombre, 2,492 seulement ont été *occupées :* coutures fine, grosse et mécanique, (1,102) repassage, cheveux, cordonnerie clouée, corsets et faux-cols. — Ces 2,492 ont fait 827,350 journées de travail (y compris 115,106 journées de service intérieur-économique), lesquelles, y compris les gratifications, ont produit 782,569 fr. de salaires. (Voir ci-après les subdivisions de cette somme.)

---

1 Les *maisons centrales* reçoivent :

1° Les femmes condamnées aux travaux forcés qui n'ont pas encore été conduites dans l'une de nos colonies d'outre-mer ;

2° Les reclusionnaires des deux sexes ;

3° Les correctionnels des deux sexes condamnés à plus d'une année d'emprisonnement ;

4° Un certain nombre de condamnés aux fers et à la détention.

Les maisons centrales de Landerneau et d'Embrun ne reçoivent que des condamnés à l'emprisonnement d'un à dix ans.

La moyenne du salaire quotidien a été de 94 c.; elle égale, moins 5 c., celle du travail masculin. Cette presque égalité est fort remarquable.

§ 3. — Emplois des salaires.

Le produit *en francs* ayant été, pour les

hommes, de .... Fr. 3,360,481 47

Pour les femmes, de 782,569 60

Il en résulte un total de ..... Fr. 4,143,051 07

Afin que ce total reste bien dans l'esprit du lecteur, je me répète : Non compris les 3 pénitenciers agricoles de la Corse et les 5 maisons d'Algérie, les salaires des 11,616 hommes et des 2,729 femmes (soit 14,345 détenus dans les 21 maisons centrales) ont été en 1880, gratifications comprises, de *4,143,051 francs.*

Voyons ce qu'est devenue cette somme :

Quant aux 3,360,481 fr. des 10,372 hommes, 1,546,372 fr. ont formé le *pécule* (897,701 fr.) et la *réserve* (648,671 fr.) des détenus, 1,088,318 fr. ont été attribués aux entrepreneurs des travaux prisonniers [1], et 696,790 fr. seulement ont formé la part de l'Etat.

Les 782,569 fr. des 2,729 femmes se subdivisent ainsi :

Disponible............ Fr. 160,327 99
Réserve................ 145,324 71 ci 305,652 70
Aux entrepreneurs 476,916 90

Egal............... Fr. 782,569 60

1 Il est juste de faire remarquer que le travail en prison comporte pour ces entrepreneurs des charges dont l'industrie libre est à peu près affranchie, telles que : chauffage, éclairage et entretien de l'atelier, fourniture du matériel et des vêtements de travail, appointements des contre-maîtres, certaines indemnités mensuelles ou quotidiennes en espèces ou pain aux gardiens, frais de transport des matières premières et des objets fabriqués, entretien d'agents spéciaux, moins-value du travail pour mauvaise fabrication, etc. Il faut aussi déduire de leurs bénéfices l'augmentation des frais généraux, à raison du plus grand nombre d'ouvriers qu'il faut employer pour le même ouvrage, car l'expérience prouve que *trois prisonniers ne produisent pas plus que deux ouvriers libres* : les causes de ce fait ne sont pas difficiles à trouver.

Et à l'Etat ? Rien... ! Vous l'avez bien lu : rien.

Quant aux *emplois* de leur *pécule* (1,546,372 fr.) faits par les condamnés des *maisons centrales,* je crois intéressant d'en citer quelques-uns, qui appellent l'attention du penseur.

Ainsi, ils ont dépensé en 1880, sur ce pécule, 906,712 fr., se subdivisant ainsi (nombres ronds) :

Pain et autres aliments .... Fr.	757,679
Effets d'habillement........................	71,001
Ports de lettres, *frais d'actes notariés*	30,117
Restitutions volontaires....................	631
SECOURS AUX FAMILLES	75,001

A la fois, cette dernière dépense, si forte comparativement, apitoie et console le moraliste. Ces 75,000 fr. de *secours aux familles* par les *centraux,* — c'est-à-dire par « l'état-major » du Crime, — me rendent bien fort pour *toutes* les conclusions des dernières Parties de cette Etude.

Les 10,370 *centraux* hommes occupés l'ont été plus spécialement aux travaux industriels ci-après :

Chaussons (190,500 fr., en nombres ronds), cordonnerie clouée et cousue (447,000), tailleurs d'habits (96,180), brosserie (109,000), vannerie (234,000), enluminerie (21,000), galoches (38,300), boissellerie (5,500), casseurs de noix (1,250), *corsets* (55,200), feuillages artificiels (10,600), chaises (219,750), boutons (304,100), passementerie (14,400), ébénisterie-menuiserie (59,000), parapluies (31,350), ouvraison de soie (28,000), cartonnages (9,500); tissages de fil (138,100), de laine (26,650), de velours (8,400), de toiles métalliques (42,600); sandales (44,750), essieux et ressorts de voitures (27,750), mesures linéaires (14,500), meubles en fer (11,500), cadres (25,600), pantoufles (36,300), mégisserie-peausserie (50,700), soies pour brosses (39,000). lits en fer (123,100), espadrilles

(22,800), pipes (36,700), sabotterie (9,000), sparterie (22,425), quincaillerie (24,300), *ravaudage* (10,300), ganterie (7,500), etc.

Ci-avant, § 2, j'ai déjà indiqué la nature du travail des 6 centrales des femmes.

§ 4. — Ensemble des recettes et dépenses des maisons centrales. — Comparaison.

A plusieurs points de vue de mes diverses conclusions (Voir aux quatre dernières Parties), il est utile de comparer dès à présent les *Dépenses* et les *Recettes* spéciales aux 21 maisons *centrales* du continent français.

D'après les tableaux du dernier Rapport officiel (pour 1880, publié en 1883), le total de ces dépenses des *centrales* s'élève à........................Fr.   7,586,869

De laquelle somme il faut déduire :

Pour la portion de l'Etat sur les travaux exécutés pour le compte des particuliers.................. 581,836

Pour *idem* sur les travaux exécutés pour son propre compte.. 144,954 ci   726,790

D'où un déficit, rien que du chef des 21 centrales, de 6,860,079

On a vu que, de par la part qui leur est allouée sur chacune des journées de travail des détenus, les entrepreneurs des travaux prisonniers (V. plus loin le chapitre qui leur est relatif) ont perçu 1,088,318 fr. sur les 3,360,481 f. des salaires des 10,370 *centraux*, et 476,916 f. sur celui des 2,492 femmes *occupées* (sur 2,729). Donc, 1,565,234 fr. ont formé la « portion concédée » par l'Etat aux entrepreneurs (et, là, que de noms curieux, de choses à fouiller !), *outre le bénéfice qu'ils ont sur la vente*

des produits qu'ils font faire, à si bas prix, aux prison-
niers.

A la suite de chaque *nature* de prisons (ci-après), nous
donnerons le budget spécial, puis le budget général ; mais
que, dès à présent, l'on sache que les *dépenses* pénitentiaires pour 1880 ont été de........... Fr.   25,273,999

Les *recettes,* SEULEMENT de............   5,319,792

D'où un *déficit* général de..... Fr.   18,293,261

Voilà ce que la France débourse pour une moyenne de
53,000 à 56,000 prisonniers.

Et ce si gros déficit sera très considérablement surélevé
par les énormes et *improductives* dépenses qui découleront
de la « *loi de peur* » sur le récidivisme ; oui, *ces dépenses*
seront improductives à TOUS LES POINTS DE VUE.

Au lieu d'un déficit aussi considérable, j'espère, plus
loin, prouver la possibilité d'un très fécond excédent de
recettes.

Arrivons aux maisons d'arrêt départementales.

CHAPITRE V.

Maisons départementales d'arrêt, de justice et de correction. *(Nombre : 378.)*

Les condamnés à un an *et au-dessus* subissent leurs peines dans les maisons *d'arrêt, de justice* et *de correction,* telles que celles de Grenoble,
c'est-à-dire de chef-lieu départemental. Les condamnés à plus de 3 ou 6
mois ne peuvent pas rester dans les prisons *d'arrondissement* : ils sont
centralisés au chef-lieu. — Les condamnés à plus d'un an sont transférés
dans les maisons *centrales.*

§ 1er. — Leur population occupée et inoccupée.
— Leur produit.

Au 31 décembre 1880, il y avait dans les prisons départementales de la France, y compris celles de la Seine :

Hommes et jeunes garçons..................... 19,332
Femmes et jeunes filles..................... 4,327

TOTAL.. 23,659

Dans ce chiffre, la Seine a 5,840 hommes et 1,544 femmes.

Sur ces 23,659 détenues et détenus, 8,825 ont été *inoccupés*. Les 14,834 occupés ont fait 4,140,460 journées de travail (les hommes 3,364,908, les femmes 775,552), dont le total des salaires a été de :

Pour les hommes et jeunes garçons......... 1,774,464 fr.
— femmes — filles........... 356,382

TOTAL...... . 2,130,846 fr.

La moyenne du salaire quotidien ressort à 55 c. pour la Seine et à 51 c. pour les autres départements.

Cette somme de 2,130,846 fr. s'est subdivisée ainsi :

Au pécule-réserve des prisonniers .... 1,127,552 fr.
Aux entrepreneurs des travaux 847,546
Part de l'Etat pour les prisons de la Seine... 152,713
— pour les autres départements.. *Rien.*

TOTAL égal....... 2,130,846 fr.

On a bien compris : *aucune* des 378 prisons départementales n'a, en 1880 (pas plus qu'aujourd'hui certainement), rapporté *un seul* centime à l'Etat, qui dépense cependant pour elles..... *8,869,130 fr. 19 c. !* Là encore, comme en tout le régime pénitentiaire actuel, irrationalisme complet, pour ne pas dire plus.

§ 2. — Nature des travaux.

Service intérieur-économique de ces 378 prisons (358,000 fr., en nombres ronds) ; agrafes, aiguilles, chapelets, épingles, etc. (38,500) ; boutons (81,000) ; broderie, dentelles, etc. (25,700) ; brosserie, plumeaux, balais (43,000) ; cardage, dévidage, épluchage, triage, etc. (200,300) ; cartonnages (46,000) ; *chaussonnerie* (234,000) ; *copies,* papeterie, *imagerie,* etc. (154,400) ; cordonnerie et piquage (93,400) ; sellerie, etc. (37,800) ; *corsets* (2,600) ; coutures diverses (198,600) ; *ébénisterie,* tourneurs, sabotiers, tonnellerie, etc. (36,000) ; espadrilles et sandales (60,300) ; sculpture, etc. (15,200) ; *serrurerie,* etc. (40,000) ; tresses de paille, cabas, chaises (93,500) ; tissages (19,300) ; vannerie (71,000) ; etc.

§ 3. — Prisons des deux Savoie.

Les chiffres qui suivent sont extraits de l'*Exposé général pour l'année 1880,* fait au ministre de l'intérieur par M. Herbette, directeur de l'administration pénitentiaire. Cet *Exposé,* le dernier publié, ne l'a été qu'en 1883 (gros in-8° de 490 pages).

MAISON CENTRALE D'ALBERTVILLE.

Au 31 décembre 1880, le nombre des détenus était de 385. (Cette maison peut en contenir 500.)

Il y a été fait, en 1880, 120,779 journées de travail par 317 prisonniers ouvriers et 35 *idem* apprentis ; il y a donc eu 33 *inoccupés.* — Produit net, 87,081 fr.; plus, 8,470 fr. de gratifications ; soit 95,550 fr., sur lesquels la portion concédée aux entrepreneurs de travaux a été de 48,303 fr. — La part des 317 travailleurs a été, pour leur pécule, de 27,866 fr.; pour leur *réserve,* de 19,380 fr.

Moyenne du salaire par journée de travail, 79 centimes 11.

Il y a dans ce produit net de 87,081 fr. pour (en nombres ronds) :

15,400 fr. de galoches ;

16,000 — *service intérieur* fait par les détenus. (Salaire moyen de la journée de ce service : 73 c. 29.)

13,400 — cordonnerie clouée ;

11,100 — espadrilles ;

9,000 — chaussons ;

8,650 — ébénisterie ;

7,000 — ganterie ;

1,170 — tailleurs d'habits.

Les professions qui comptent le plus de détenus à Albertville sont : cultivateurs, bergers, bouviers, etc. (63); manœuvres, journaliers, porte-faix, etc. (86) ; domestiques, etc. (10) ; forgerons, etc., industries du fer (20) ; menuisiers, etc., sur le bois (19) ; du bâtiment (10) ; carriers, mineurs, etc. (19); cordonniers (18) ; tisseurs, etc. (16). — Il n'y a là que 2 propriétaires, 4 négociants, 1 typographe, 4 bijoutiers, 9 colporteurs, 2 saltimbanques, 2 instituteurs, etc. Point de dessinateurs, d'hommes de lettres, de médecins, de cuisiniers, de cantonniers, d'équarrisseurs-fossoyeurs-vidangeurs, etc.

MAISONS D'ARRÊT ET DE JUSTICE.

Haute-Savoie.

Ce département en a 4 : à Annecy, Thonon, Saint-Julien et Bonneville.

Leur effectif au 31 décembre 1880 était de :

A Annecy............. 45 hommes 3 femmes, soit 48 détenus.
A Thonon............. 9   — 5   —   — 14   —
A Saint-Julien......... 14   — 3   —   — 17   —
A Bonneville.......... 25   — »   —   — 25   —

TOTAUX ...... 93 hommes 11 femmes, soit 104 détenus.

Seulement 104 détenus condamnés pour toute la Haute-

Savoie, sur une population de 274,087 âmes ; quelle preuve indiscutable de l'honorabilité générale, exceptionnelle, des Savoisiens !

Sur ce nombre de 104 détenus, ont été *occupés* 42 hommes et 6 femmes. Les hommes ont fait 11,921 journées de travail ; les femmes, 2,127 ; soit 14,048, qui, gratifications comprises, ont produit 7,797 fr., dont 4,264 fr. pour l'entrepreneur. — *Rien au Trésor.*

La moyenne du salaire pour les deux sexes a été de... 50 centimes (52 c. pour les hommes, 40 c. pour les femmes).

Savoie.

Ce département a aussi 4 *maisons d'arrêt :* à Chambéry, Albertville (outre la *centrale*), Moûtiers, Saint-Jean de Maurienne.

Au 31 décembre 1880, leur effectif était de :

A Chambéry............	64 hommes	13 femmes, soit		77 détenus.
A Albertville..........	11 —	3 —	—	14 —
A Moûtiers (arr. de 35,000 âmes)......	4 —	» —	—	4 —
A St-Jean de Maurienne..	17 —	» —	—	17 —
TOTAUX	96 hommes	16 femmes, soit		112 détenus.

112 criminels, — dont seulement *seize femmes,* — sur une population de 266,438 âmes ! 216, en tout, pour les 540,525 Savoisiens ! On doit être fier d'avoir un aussi honnête berceau.

Des 112 prisonniers du département de la Savoie, 61 hommes et 15 femmes (sur 16) ont été *occupés.* Ils ont fait 17,641 journées de travail, lesquelles, gratifications comprises, ont produit 15,000 fr., sur lesquels les entrepreneurs de travaux ont reçu 7,886 fr. — Encore *rien au Trésor.*

La moyenne des salaires a été de *49 c. pour les hommes, de 31 c. pour les femmes.*

Voici quelle a été la nature du travail et son total en francs (nombres ronds) *pour les deux Savoie :*

Service intérieur (4,342 fr.), chaussonnerie (6,185), cordonnerie et piquage (446), *couture* (325), tresses de paille (849), tailleurs *(29)*, etc.

En tout, 22,797 fr. pour les huit prisons des deux Savoie, sur laquelle somme les entrepreneurs de travaux ont touché plus de 12,000 fr., et *l'Etat, rien*.

La Savoie ne compte dans toutes les *maisons d'éducation correctionnelle* (il n'y en a pas dans les deux Savoie) que................................... 26 enfants.

La Haute-Savoie .... 46 —

TOTAL, seulement..... 72 enfants.

Détail qui a une haute signification morale : en tout, en 1881, les deux Savoie n'ont eu que 22 accusés de crimes contre les personnes, et encore, sur ces 22, 7 ont été acquittés. Honneur à la loyale Savoie !

§ 4. — Les prisons de l'Isère. — Leur population. — Leur travail.

Il y a dans l'Isère quatre *maisons d'arrêt* proprement dites : à Grenoble, Vienne, Bourgoin, St-Marcellin.

Fin décembre 1880, leur population totale était de 148 hommes ou jeunes garçons, de 13 femmes ou jeunes filles, soit 161 détenus. (En 1877, ce nombre était de 279.)

Les hommes y ont fait 35,458 journées de travail.
Les femmes — 3,580 — —

TOTAL..... 39,038 journées de travail, lesquelles ont produit 27,067 fr. de salaires. La moyenne du salaire quotidien est de 76 c. pour les hommes, de 36 c. pour les femmes. (En 1877, 32 c. et 21 c.)

De ces 27,067 fr., 13,995 ont été encaissés par l'entrepreneur des travaux, 13,747 ont été attribués au pécule-réserve des prisonniers. Et à l'Etat ? Rien, rien toujours !

Ces 27,067 fr. se subdivisent ainsi, en nombres ronds : Service intérieur (4,800 fr.) ; broderie, dentelles, fleurs, *ganterie*, passementerie (5,650) ; brosserie, plumeaux, balais (6,670) ; cordonnerie (193) ; couture (...8) ; cardage, dévidage, etc. (3,000) ; tailleurs d'habits (775) ; triage de légumes, noix et cassage (1,350) ; ébénisterie, etc. (87) ; etc.

Voilà le travail « libre » de Grenoble et de toute l'Isère bien rassuré.

CHAPITRE VI.

Pénitenciers agricoles.

§ 1er. — Leur Nombre. — Leur Population.

La France continentale a trois pénitenciers agricoles, tous trois en Corse : Casabianda, Castelluccio, Chiavari [1]. Il y a aussi, en Algérie, un pénitencier et deux maisons centrales, dont je n'ai pas besoin de m'occuper.

Au 31 décembre 1880, Casabianda avait 960 détenus.

—	Castelluccio — 487	—
—	Chiavari — 864	—
	TOTAL... 2,311	détenus.

(1,725 fin 1877.)

Sur ces 2,311 détenus, 1,949 seulement ont été occupés ; qu'ont donc fait les 362 inoccupés ? Probablement de la *cellule*, c'est-à-dire moins encore que de l'improduction.

A partir d'ici, j'engage le lecteur à bien peser les chiffres et les observations qui vont suivre, car, plus que jamais,

1 Au moment de mettre sous presse, on m'affirme que le pénitencier de Chiavari vient d'être supprimé.

on va voir quelles énormités l'on constate dans la France pénitentiaire, et plus particulièrement dans les pénitenciers agricoles de Corse.

Défalcation faite, de ce total de 2,311 détenus, des 362 inoccupés, il reste 1,949 occupés, qui ont fait 566,999 journées de travail, ayant produit 357,151 fr., donnant une moyenne de 63 centimes de salaire quotidien. Voyons ce que ces 1,949 paires de bras ont fait, en tout 1880 d'*agricole* proprement dit :

	Journées.	Produit.	Moyennes de salaire quotidien.
A Casabianda........	97,430	64,009 fr.	0,66 c.
A Castelluccio	77,683	41,490	0,53
A Chiavari..........	103,947	67.330	0,66
Totaux agricoles...	279,060	172,829 fr.	Moyenne : 0,62 c.

Donc, en résumé :

1º Les 2,311 détenus des trois pénitenciers de la Corse n'ont fait que 567,000 journées de travail et n'ont gagné que 357,000 fr.; soit seulement 155 fr. par an pour chacun d'eux ;

2º Ils n'ont fait que 279,000 journées agricoles proprement dites et gagné 173,000 fr., soit, pour les 1,033 prisonniers qui y sont spécialement employés aux travaux agricoles, 167 fr. 50 par an.

Et ces trois pénitenciers dépensent à l'Etat 1,428,882 fr. [1], soit un peu moins de 618 fr. 50 par an pour chacun des 2,311 prisonniers, et environ 1,385 fr. par an pour chacun des 1,032 travailleurs dits agricoles! Qu'est-ce que cela veut dire ? Et que deviennent les productions rurales : vins, céréales, fourrages, légumes, etc. ? Sont-elles vendues, comme Casabianda l'a fait très illégalement, des graines de vers à soie produites par les cocons de son éducation *séricicole,*

1 Celui d'Algérie, Berrouaghia, 394, 395 francs.

dont j'ai *vainement* cherché trace dans l'énumération de
ses *travaux* et de ses recettes de 1877 et de 1880 ? Casabianda ne pourra alléguer que les 15,000 à 20,000 fr. tirés de
son *commerce* d'œufs de vers à soie sont portés aux recettes
de la rubrique *Travaux divers,* puisque je ne trouve là
que le chiffre de... 549 fr. 50. Je relève : service intérieur
et économique, 69,386 journées et 49,861 fr.; carrières,
690 et 714 fr.; dessèchements, 3,950 et 2,496 fr.; routes,
560 et 336 fr.; taille de pierres, 1,680 et 1,753 fr.; travaux
aux bâtiments des établissements, 22,088 et 21,895 fr.
Voilà tout, mais point de *sériciculture.* Ces 15 à 20,000 fr.
seraient-ils donc compris dans les 64,009 fr. de ses 97,430
journées agricoles ? Si *oui*, Casabianda, avec ses 960 détenus (744 *occupés*), n'aurait donc fait de l'agriculture proprement dite que pour environ 45 à 50,000 fr., déduction
faite de sa recette d'œufs de vers à soie ?

Tout cela est bien extraordinaire, surtout si l'on compare
cette moyenne de 62 c. par jour avec le salaire de la
main-d'œuvre agricole libre : aux prix actuels des denrées
alimentaires rurales, c'est être au-dessous de la vérité que
de porter à 1 fr. 50 par jour la main-d'œuvre agricole
nourrie. Malgré cela, c'est ce chiffre que je prends pour base
de mon argumentation du Chapitre III de ma Ve Partie.
(Voir ci-après.)

Les statistiques spéciales, les budgets des trois pénitenciers de la Corse me paraissent prouver l'indispensabilité
d'une foule de réformes *nécessaires, urgentes*. Il y a là
des vices radicaux ou d'emplacements, ou d'administration,
ou de mauvaise conduite des cultures, ou d'un trop grand
nombre de bras prisonniers employés à travaux ou produits
non assez rémunérateurs (c'est-à-dire mauvaise direction
de la main-d'œuvre) : enfin, vices quelconques à découvrir,
à réformer.

Mon étonnement de ne voir produire aux 2,311 détenus des trois pénitenciers corses que 172,829 fr. *agricoles*, s'accroît encore quand je me dis que Chiavari, Casabianda, Castelluccio (surtout Chiavari) sont en pleins maquis offrant de suffisants paquerages à la race ovine, si peu coûteuse, si facile à nourrir, moins sujette aux épidémies que la race bovine, et par là, relativement, d'un rapport très productif. N'y fait-on donc aucun élevage, ni aucune vente de bœufs, de vaches, de moutons, de porcs (d'un élevage très facile, très productif aussi)? N'y a-t-on, n'y vend-on donc pas des légions d'animaux de basse-cour, n'y recueille-t-on, n'y vend-on pas des millions d'œufs? Point de ruches? Et Chiavari seul a 2,500 hectares! Il m'a été affirmé que Casabianda dépensait de fortes sommes pour achat du lait de sa consommation! Est-ce croyable? Autre fait dont je suis de plus en plus surpris : d'où vient que ces pénitenciers dits *agricoles* ont, par marchés d'adjudication, des fournisseurs de viande de boucherie? Est-il possible d'admettre que les 2,500 hectares de Chiavari ne peuvent élever bœufs, vaches, moutons, porcs, en suffisantes quantités pour alimenter de viande ses 864 *prisonniers* (à qui, règlementairement, il en est cependant si peu distribué) et son personnel de gardiennage? Si Chiavari ne peut nourrir AU MOINS son monde, qu'est-ce donc que ce pénitencier dit *agricole?*

Autre cause d'étonnement. D'où vient qu'à Chiavari le *revient* d'un litre de vin récolté en son vignoble y soit de 1 fr. 50, comme on me l'a affirmé? C'est au moins la preuve qu'on y travaille peu, ou pas bien.

Oui, il y a là vices quelconques, et, tout en n'incriminant que *les faits*, j'appelle sur ce point l'attention de qui de droit. Non seulement Casabianda, Castelluccio et Chiavari doivent ne rien coûter à l'Etat des 1,353,455 fr. qu'il *y perd,* mais ils devraient donner de fort importants bonis.

CHAPITRE VII.

Chambres et Dépôts de sûreté.

Il y a en France 3,011 chambres de sûreté et 23 dépôts *idem.*

La Haute-Savoie en a 27, la Savoie 29, l'Isère *53.*

Il ne s'y fait aucun travail, par suite du peu de durée de l'incarcération, laquelle n'est, en moyenne, que de 25 à 56 heures. Toutefois, et seulement pour l'observateur, il est bon de relater que, pendant l'année 1880, ces 3,034 chambres et dépôts de sûreté ont reçu 43,560 *arrêtés* (37,810 hommes, 5,750 femmes) dans le ressort de la brigade de gendarmerie, 11,720 (10,786 hommes, 934 femmes) dits de passage, et 2,621 militaires et marins.

Donc, un total de 57,901 individus des deux sexes ont eu pour habitations temporaires, en 1880, ces chambres et dépôts, que l'on pourrait appeler *prisons d'étapes.*

CHAPITRE VIII.

Etablissements d'éducation correctionnelle.

Sous ce titre, je me bornerai à énumérer les chiffres, la statistique proprement dite des *jeunes détenus* et *jeunes détenues.* Plus loin, en IIIᵉ Partie, chap. III, §§ 1, 2, 3 et 4, je soumettrai au lecteur les réformes qu'il me parait *indispensable* de faire subir, — et le plus tôt possible, —

aux colonies publiques et *privées* d'éducation correctionnelle.

§ 1er. — Leur Nombre. — Leur Population. — Leur Criminalité.
— Leur Coût.

1° JEUNES GARÇONS.

Etablissements *publics,* c'est-à-dire appartenant à l'Etat et dirigés
par lui... 6
Quartiers correctionnels (en prisons départementales)............. 5
Etablissements *privés* 1 29
                                                                  ——
                                                                  40

2° JEUNES FILLES.

Etablissements publics. (Point.)................................... ,
Quartiers correctionnels 1
    — privés.. 22
                                                                  ——
                                        TOTAL........ 63

Donc, 63 colonies correctionnelles.

Les deux Savoie et l'Isère n'en ont point.

Au 31 décembre 1880, les 40 colonies de jeunes garçons
en comptaient 7,359 ; dans les 23 de jeunes filles, 1,758.
— Donc, en tout, 9,117, près de 200 de moins qu'en 1879 [1].

Il est fort intéressant, pour le moraliste, de relever la
nature des crimes ou délits qui avaient amené l'incarcération de ces *enfants* jusqu'à leur majorité ; les voici :

	Garçons.	Filles.
Vol simple et escroquerie.....................	4,629	943
Vagabondage...................................	1,231	216
Mendicité.....................................	476	153
Vol qualifié, faux et fausse monnaie..........	522	45
Attentats à la pudeur et aux mœurs	271	179
Meurtre, coups et blessures...................	128	19
Incendie......................................	124	33
Assassinat et..... empoisonnement	8	2
Divers	131	10

Il y a eu, en outre, 213 cas de désobéissance à l'autorité
paternelle.

---

1 Depuis l'année 1874, l'Etat donne aux *colonies privées* 0,75 c. par
garçon, 0,60 c. par fillette, et par jour. Dans cinq de ces colonies, la
moyenne du coût quotidien, par enfant, est de 1 fr. 21.

Il est douloureux de remarquer que c'est entre 12 et 14 ans que la criminalité a été la plus forte pour les jeunes filles.

809 garçons et 429 filles, — soit 1,238 sur 9,117, — étaient des enfants de mendiants, de vagabonds ou de prostituées ; — issus de repris de justice, 1,140 garçons, 546 filles ; — orphelins d'un parent, 2,191 et 573 ; — *idem* de père et de mère, 555 et 257 ; — enfin, *élevés dans les hospices,* seulement 136 garçons et 20 fillettes.

De ceux en détention à fin décembre 1880, 775 garçons et 90 filles étaient des *récidivistes* d'une fois (865). Fait remarquable : tandis que le nombre des récidivistes garçons diminuait de 194 en 1880 comparativement à 1879, celui des filles doublait exactement : 90 contre 45.

La Haute-Savoie ne comptait en 1881 que 31 enfants *en correction ;* la Savoie que 21, soit 52 seulement pour une population totale de 540,525 âmes ; l'Isère, 76 (580,271).

En 1880, les 11 *colonies* de l'Etat ont dépensé . . . . Fr. 1,201,680
Les 29 *privées* de garçons. 1,337,171
Les 23 — de filles. 388,855

TOTAL. . . . . . . Fr. 2,927,706

Trois millions de francs en nombre rond. — Quels minimes résultats *d'intérêt général* en regard de ce gros chiffre ! (V. IIIe PARTIE, chap. III, §§ 1 à 4.)

§ 2. — Leur Travail.

1° JEUNES GARÇONS.

Dans les établissements de l'Etat il y a eu d'*occupés* 2,380 garçons, qui y ont fait 560,821 journées de travail. — Quatre de ces enfants ont été *loués* à des industriels.

On va le voir, ce *louage* n'est pas, là, un fait unique.

Dans les colonies *privées,* 4,480 garçons ont été *occu-pés :* 4,307 dans l'intérieur, qui y ont fait 1,370,153 jour-nées de travail ; *173 ont été loués à des particuliers, à qui ils ont fait 52,440 journées.*

Au total, 6,860 occupés ayant fait 1,983,414 journées, dont 64,268 par les 177 *enfants* loués à des industriels travaillant hors des établissements. Ceci est un fait à noter par le Législateur et le Moraliste. Il est vrai que 37,210 journées ont été faites par 139 garçons de la Société de Patronage des jeunes détenus de la Seine.

2° Jeunes Filles.

Aucune fillette *correctionnelle* n'est *louée* au dehors.

1,716 (sur 1,758) ont été occupées ; elles ont fait 397,516 journées de travail.

Pas plus pour les garçons que pour les filles, aucune moyenne du salaire quotidien n'est donnée. C'est une la-cune fort regrettable, car on trouverait dans ce salaire de précieux enseignements.

§. 3. — Nature de leur Travail.

1° Jeunes Garçons.

Relevons seulement les nombres d'enfants par nature du travail :

Agrico-horticulture, terrassements, 1,020 ; brossiers, 144 ; confection de linge et de vêtements, 153 ; cordon-niers, 146 ; relieurs, 189 ; charpentiers, 47 ; ferblantiers, 37 ; forgerons, maréchaux, 43 ; maçons, 26 ; menuisiers, 25 ; charrons, 47 ; jardinage, 72 ; employés au service économique intérieur des colonies, 253 ; *idem* au service agricole intérieur (bergers, *conduite d'attelages*), 93 ; jar-dinage, porcherie, etc., 1,266 ; etc.

Qu'apprennent là ces enfants, qui, on le voit, sont surtout des manœuvres, des terrassiers, des marmitons, des domestiques d'intérieur, des conducteurs d'attelages, etc. ? Aucun *état*, ou à peu près rien. C'est une véritable exploi- ᴜᴀᴛᴏn, par l'industrie privée, des adolescents criminels. Au fond, c'est une « traite » d'enfants presque voués ainsi au Crime, au Récidivisme.

2° JEUNES FILLES.

Dans le « quartier correctionnel » de l'Etat et les 23 colonies *privées,* sur 1,758 jeunes filles y détenues, 1,716 ont été *occupées* et ont fait 397,516 journées de travail, ayant produit..... Quel chiffre de salaires ? on ne le peut savoir, car il n'en est dit mot. Pourquoi le silence sur ce point, cependant si important à bien des points de vue ? Ce mutisme est d'autant plus regrettable, condamnable même, qu'il eût été fort utile de savoir quel emploi du produit de ces 397,516 journées de travail a été fait, soit pour les enfants correctionnels en temps de détention et à leur sortie, soit pour leurs *maîtres* de colonies.

Voyons à quoi a été occupée la plus grande partie des 1,716 travailleuses :

Service intérieur : boulangerie, 18 ; *buanderie*, 108 ; cuisine, 40 ; travaux *divers,* 233.

Service agricole : basse-cour, 0 ; bergerie, 3 ; caves, 2 ; *conduite des attelages* (voitures et instruments aratoi- res), 12 ; jardinage, 90 ; porcherie, 7 ; travaux agrico- horticoles, 188 ; vacherie, 24.

Industrie : brodeuses, 14 ; confection linge-vêtements, 295 ; corsetières, 5 ; mécaniciennes, 16 ; ravaudeuses, 7 ; repasseuses, 24.

(Pour les réformes à opérer, V. la IIIᵉ PARTIE, chap. III, §§ 1, 2, 3 et 4.)

CHAPITRE IX.

Emprisonnement cellulaire.

Afin que l'on comprenne bien mon argumentation sur le régime cellulaire (IIIᵉ Partie, chap. IV), il est nécessaire de mettre sous les yeux du lecteur quelques chiffres, — officiels toujours, — sur cette spécialité pénitentiaire.

Avant 1880, la *cellule* n'était pratiquée que dans 6 maisons ; fin 1880, dans 8, qui sont :

1º Mazas, à Paris ;

2º Un quartier de la prison de la Santé, *idem ;*

3º Une partie du dépôt de la préfecture de police, *idem ;*

4º Dans la maison d'arrêt de Tours ;

5º *Idem* de Sainte-Menehould (Marne) ;

6º *Idem* d'Etampes (Seine-et-Oise) ;

7º *Idem* de Versailles ;

8º *Idem* de Dijon.

Ces 8 prisons contiennent 2,131 cellules.

Deux autres « cellulaires » sont en construction : à Pontoise et à Corbeil.

CHAPITRE X.

Ensemble du budget pénitentiaire. — Dépenses et recettes de l'Etat.

§ 1ᵉʳ. Dépenses prévues au Budget de 1880.

Personnel	5,557,666 fr.
Entretien des détenus	12,209,688
Transport des détenus et des libérés, secours de route...	532,000
Travaux ordinaires aux bâtiments (service à l'entreprise).	229,000
A reporter	18,528,354 fr.

Report......	18,528,354 fr.
Mobilier (service à l'entreprise)....................	86,000
Travaux ordinaires aux bâtiments et mobilier (en régie).	380,000
Exploitations agricoles. (Dépenses accessoires)........	723,645
Acquisitions et construction.......................	640,000
Subventions aux départements pour l'exécution de la loi du 5 juin 1875...............................	570,000
Remboursements sur le produit du travail des détenus..	4,346,000

TOTAL........ 25,273,999 fr.

§ 2. Dépenses effectuées.

Maisons centrales...............................	7,586,809 fr.
Pénitenciers agricoles...........................	1,428,882
Maison de détention de Belle-Isle..................	67,224
Dépôts de forçats...............................	178,291
Maisons d'arrêt départementales..................	8,869,130
Etablissements correctionnels de jeunes garçons.......	1,337,171
— — filles..........	388,853
Transport des détenus et des libérés................	714,260
Frais de séjour de détenus hors des maisons pénitentiaires.	32,138
Total des dépenses pénitentiaires en Algérie..........	1,808,554

TOTAL des dépenses effectuées en 1880.....		22,411,314 fr.
A déduire les diverses recettes........	5,069,039 fr.	
Dans les prisons de la France........	250,751 ci	5,319,790

D'où, pour 1880, un déficit de .... 17,091,524 fr.

Ce déficit était déjà celui de 1877, de toutes les années, et il sera bien plus élevé, — du double peut-être, — dans un très proche avenir, de par la loi de 1885 sur le récidivisme. Voilà ce que, pour une moyenne annuelle de 53,000 à 56,000 détenus dans toutes ses prisons du continent et d'Algérie, — et ce sans rien moraliser, on peut le soutenir, — la France a perdu chaque année jusqu'à présent et perdra plus encore, si le régime pénitentiaire et le Code pénal actuels ne subissent bien vite de très profondes modifications, que j'indique dans les IIIe, IVe et Ve PARTIES.

CHAPITRE XI.

Résumé général des statistiques qui précèdent.

§ 1er. — Nombre total des Détenus
dans toutes les Prisons de la France continentale.

En maisons centrales : Hommes 13,827
— — Femmes........................ 2,729
— d'arrêt départementales du sexe masculin........ 19,332
— — — féminin.......... 4,327
En établissements d'éducation correctionnelle : Jeunes garçons.. 7,215
— — filles 1,758
Dans les trois pénitenciers agricoles 2,311

TOTAL *pour la France*........ 51,599
Algérie : Hommes........................... 1,437
— Femmes......................... 54 ci 1,491

TOTAL général (dont 885 étrangers)....... 53,090

§ 2. — Nombre des « occupés » dans toutes les Prisons.

	Sexe masculin.	Sexe féminin.	Journées de travail.	Produit en francs.
Centrales.............	19,370	1,436	4,182,871	4,083,047
Les trois pénitenciers de la Corse............	1,809	»	566.999	357,151
Prisons départementales.	6,009 hommes et femmes.		4,130,460	2,130,846
Enfants correctionnels...	6,869	1,716	2,328,490	Point de chiffres
Chambres et dépôts de sûreté.............		Point de travail.		
TOTAUX pour la France.	25,048	3,152	11,208,820	6,571,044

En tout, *occupés* en 1880... 28,200 détenus et détenues, sur un total
de 51,599.

Comment s'est subdivisée cette somme de 6,571,044 fr.?

Aux 19,624 prisonniers travaillant dans les maisons
centrales et les prisons départementales des deux sexes ;
pécule (disponible et réserve à leur sortie).. Fr. 2,979,577

Aux entrepreneurs de la régie desdites centrales et départementales (non compris les en-

caissements des directeurs des colonies d'enfants correctionnels.................Fr.   2,412,781

A l'Etat, seulement sur les 3,300,481 fr. du travail masculin..................... Fr.   696,700

Rien pour l'Etat sur les 782,569 fr. du travail des six centrales féminines ;

Rien pour lui, non plus, sur les 2,130,146 fr. des prisons départementales ;

Rien, encore, sur les 2,328,490 journées de travail (absence du produit en francs) des soixante-trois colonies des enfants correctionnels.....

Ces chiffres sont suffisamment démonstratifs ; ils étayeront victorieusement les diverses conclusions de cette Etude.

Il est important de redire qu'indépendamment de leur bénéfice sur la vente des produits industriels qu'ils font fabriquer en prisons, il est concédé aux entrepreneurs un prix de journée sur chaque prisonnier travaillant, prix qui varie de 0,20 à 0,39, 0,45, 0,49, 0,57 c. (et même 0,85 c. au dépôt de forçats de St-Martin-de-Ré) pour les hommes, de 0,12 à 0,14 c. pour les femmes.

Il est fort utile, aussi, de *répéter* que l'Etat alloue aux *directeurs* (j'allais dire aux *spéculateurs*) des 51 colonies correctionnelles *privées* 0,75 et même 0,80 c. par jour et par garçon, 0,60 et même 0,70 c. aussi par jour et par fillette.

Là, plus particulièrement, l'Etat fournit des bras, les paie aux spéculateurs 0,60 à 0,80 c. par jour, et que sont, en réalité, ces enfants? Des nègres au service d'un planteur ! J'ai indiqué (chap. VII) leurs travaux : c'est tout dire. Et que de choses l'on peut entrevoir, spécialement en alimentation et en vêtements ! (Voir III° Partie, chap. III, et V° Partie.)

CHAPITRE XII.

Conclusions relatives au travail et aux salaires « prisonniers ».

Oui, 6,571,044 fr. en tout, y compris les gratifications, voilà ce que produisent les 53 à 54,000 détenus et détenues de toutes les prisons de France.

En mettant en regard de ce total les *cinq à six milliards de francs* de la main-d'œuvre industrielle « libre », que reste-t-il debout de la concurrence tant redoutée et tant critiquée depuis 1848 ? Un atôme.

Pour hausser la moyenne des salaires quotidiens du travail prisonnier à celle de la journée du travail libre, soit de 99 c. à 3 fr. 50, doublez, triplez ces 6,572,000 fr., et vous n'arriverez encore qu'à environ 13 millions de francs en doublant, à vingt millions de francs en triplant, lesquels, mis en face du total de main-d'œuvre du travail libre, n'en représentent pas le *huit cent cinquantième*.

Quand l'on veut, quand l'on peut aller au fond des choses, que d'idées préconçues, que de fantômes disparaissent !

———

Donc, *les premiers résultats que je cherchais par les deux premières* PARTIES *de cette Étude sont d'ores et déjà atteints :*

1o L'industrie libre n'a *rien* à craindre de celle des prisons ;

2o Les nombres des *récidivistes* proprement dits et des *soumis à la surveillance de la police*, — nombres si fort exagérés par une opinion publique pour ainsi dire affolée sous l'impulsion de prétendus économistes parlant d'un tel

ardu sujet sans l'avoir consciencieusement approfondi, —
sont maintenant bien connus ;

3° Il en est de même de la population criminelle totale,
si exagérée aussi, que d'aucuns portaient (comme pour
les *récidivistes* et les *surveillés*) à 100,000, voire même
à 200,000 ;

4° On connaît ce que coûte le régime pénitentiaire actuel, qui sera bien plus onéreux pour notre budget dans un
très proche avenir ;

5° Enfin, on a vu que « la Prison » actuelle n'aboutit,
en définitive, qu'à *l'incarcération* sans résultats ni pour
la MORALISATION, ni pour l'avenir matériel du *libéré*, que
l'on rejette sans cesse, pour ainsi dire, sur *le pavé du
Crime.*

Par ainsi, voilà déjà établis bien d'importants points de
mon sujet.

Maintenant, aux réformes, aux revisions de ce qui est,
de ce qui ne doit plus être ! Après avoir constaté, démoli,
reconstruisons.

IIIᵉ PARTIE

RÉGIME PÉNITENTIAIRE ACTUEL. — RÉFORMES DÉSIRABLES.

CHAPITRE PREMIER.

Etat des Maisons centrales.

..... « Elles pourraient être l'objet de nombreuses réformes. Leur nombre n'est pas suffisant ; on en est réduit à accumuler dans plusieurs d'entre elles jusqu'à 1,800 détenus ; de là un vice grave : bien surveillés pendant le jour, les condamnés y sont livrés pendant la nuit aux désordres de la promiscuité des dortoirs communs. Toutefois, ces maisons sont encore ce que nous avons de plus convenable et de mieux organisé. Les maisons centrales, en effet, n'appartiennent qu'à l'Etat, et aucun conflit de propriété ne peut y entraver les réformes désirables..... » Rapport de M. le sénateur Bérenger, 1873.)

CHAPITRE II.

Etat des Maisons départementales d'arrêt, de justice et de correction.

..... « A part 67 prisons nouvellement construites (celle
« de Grenoble, de ce nombre, est fort bien tenue), toutes
« les autres offrent la promiscuité absolue ; .....elles n'ont
« le plus souvent de séparation réelle qu'entre les sexes ;

« .....les prévenus et les condamnés y sont confondus.....
« L'état des lieux ne permet pas partout d'affecter un
« local particulier *aux enfants de moins de 16 ans ;* le
« quartier des femmes contient souvent les filles soumises
« retenues administrativement..... Ce qui y est la corrup-
« tion, il est superflu de le dire ; il suffit de pénétrer à
« l'heure où cesse le travail dans le préau des condamnés,
« pour comprendre la domination qu'y exerce le vice :
« c'est là que l'habitué de la prison se fait honneur de ses
« exploits, que la femme corrompue enseigne l'art des gains
« faciles ; à leurs conseils, se forment les recrues du crime
« et de la débauche.....

   « La maison départementale ouvre donc souvent la mai-
« son centrale et la transportation ; elle en est comme le
« vestibule et l'école de préparation..... LE TRAVAIL Y
« EST MAL ASSURÉ ; SOUVENT IL N'EXISTE PAS..... L'ins-
« truction y est nulle presque partout..... »

   Ce que l'on vient de lire, — et qui appuie trop bien les
desiderata que je formule ci-après, — est extrait du très
remarquable *Rapport* de l'honorable M. Bérenger (de la
Drôme) sur le Régime pénitentiaire.

CHAPITRE III.

Abandon de l'emprisonnement « individuel » comme système pénitentiaire général.

   Sans prétendre entrer dans un examen approfondi du régime *cellulaire,* — qui d'ailleurs ne se rattache pas d'une
manière intime à mon sujet, — il me semble utile de faire
remarquer en passant que la cellule atrophie si bien le
condamné par le marasme physique et moral, que trois prisonniers font à peine le travail de deux ouvriers libres ; et,
de cette double atrophie, « l'encellulé » garde toujours une

empreinte ineffaçable, variant du plus au moins, même des années après sa mise en liberté.

. Les Mazas reçoivent un être capable encore ou de retour au Bien, ou de travaux intellectuels et manuels : au bout de peu d'années cellulaires, ils ne rendent, à tous les points de vue, qu'*une non valeur sociale*. Voilà le vrai sur le régime de l'*emprisonnement individuel*.

Et ce n'est pas d'aujourd'hui que cette vérité sur le « *cellularisme* » a été dite. Voici, textuellement, ce qu'en disaient les conseillers d'Etat Treilhard, Faure et Giunti, dans leur *Exposé des motifs* du livre Iᵉʳ du Code pénal, présenté au Corps législatif du premier Empire :

« ... Nous avons aussi supprimé la peine de la *gêne*, qui consistait à être enfermé dans une maison de force, sans aucune communication à l'extérieur ni avec les autres prisonniers ; cette peine était prononcée quelquefois pour vingt ans. Nous avouerons que nous n'avons pas reconnu dans cette occasion les sentiments philanthropiques de l'Assemblée constituante.

« Quel est donc le sort d'un homme enfermé pour vingt ans sans espoir de communication ni à l'intérieur, ni à l'extérieur ? N'est-il pas plongé vivant dans son tombeau ? Quelle peut être, d'ailleurs, l'utilité de cette peine ? On ne peut pas dire qu'elle est établie pour l'exemple, puisque le condamné, soustrait à tous les yeux, est mort pour ainsi dire à la société ; d'ailleurs, il est presque impossible qu'une disposition qui introduit une séquestration aussi sévère soit jamais exécutée : nouveau motif pour faire disparaître du Code la peine de la gêne. »

La *gêne* dont parlent ainsi les illustres rapporteurs du Livre Iᵉʳ du Code pénal est bien l'*emprisonnement cellulaire* (et non la *géhenne*, la torture). Revenir aux peines du XVIIIᵉ siècle n'est pas digne de notre temps.

Terminons ainsi ce grave sujet : Ne mettez, ne gardez en cellule que les *incorrigibles*, les natures tout à fait malfaisantes, les « bêtes féroces » humaines, celles que seul le *carcere duro* peut empêcher de nuire ; ne faites pas des autres criminels, et à tout jamais, des non valeurs sociales.

CHAPITRE IV.

Colonies pénitentiaires de jeunes garçons et de jeunes filles.

J'appelle sur tout ce chapitre une attention exceptionnelle, car plus d'enfants détenus seront soustraits à de mauvais milieux, moins il y aura de criminels.

Comme préambule à ce qui suit, il est utile de reproduire l'art. 66 du Code pénal ; le voici : « Lorsque l'accusé aura moins de seize ans, s'il est décidé qu'il a agi *sans discernement,* il sera acquitté ; mais il sera, suivant les circonstances, remis à ses parents ou conduit dans une maison de correction pour y être élevé et détenu pendant tel nombre d'années que le jugement déterminera, et qui, toutefois, ne pourra excéder l'époque où il aura accompli sa vingtième année. »

§ 1er. — Nombre des Colonies pénitentiaires.

La France n'a que six colonies *publiques* de jeunes détenus et 5 quartiers correctionnels ; leur population *moyenne* est d'environ 2,500 enfants, sur lesquels, en 1880, 6 seulement y étaient pour correction paternelle.

29 autres colonies, ayant eu une population de 7,215 garçons en 1880, sur lesquelles 46 par correction paternelle, sont la propriété ou sont sous la direction soit de laïques, soit d'ordres monastiques, ou de simples ecclésias-

4

tiques, mais « placés sous la tutelle administrative » (textuel).

Pour les filles, l'Etat n'a qu'un établissement, ou plutôt
un *quartier correctionnel,* en la prison de Nevers; 28 y
ont été détenues en 1880 (pas une par correction paternelle).

Il y a 22 colonies *privées* de jeunes filles; en 1880,
1,758 y étaient détenues, dont *304* par correction paternelle. (Pour les détails statistiques, revoir le chap. VIII de
la IIIᵉ Partie.)

§ 2. — Réformes nécessaires. — Suppression des Colonies privées.

Dans un Rapport au ministre de l'intérieur, daté de
Versailles le 1ᵉʳ mars 1874, M. Mettetal, président de la
Commission pénitentiaire, disait :

..... « L'Etat a des devoirs à remplir vis-à-vis des jeunes
détenus, personne ne saurait le nier ; or, ce sont ces devoirs
qui lui imposent tout d'abord l'obligation d'avoir des établissements organisés pour les recevoir, et ses efforts doivent tendre à faire, des colonies publiques, des colonies
modèles. »

J'ajoute :

Non seulement l'Etat doit avoir des colonies pénitentiaires publiques pour les jeunes détenus et détenues, mais
il devrait ne point en laisser à l'industrie privée, laquelle
se préoccupe naturellement d'agir au mieux de sa *spéculation* plutôt que des grands intérêts généraux.

Dans la plupart d'entre elles, les jeunes détenus y so..
si bien des objets d'exploitation, qu'ils y sont même « *loués
à des particuliers pour travaux au dehors;* » ils ont
fait ainsi 61,808 journées de travail en 1877 et 64,268
en 1880.

Qu'apprennent ces enfants dans les colonies *privées?* On

peut le dire, rien de sérieux : ni assez d'agriculture, car il n'y a aucun cours, aucune leçon à la fois théoriques et pratiques ; ils n'y sont, en réalité, que des manœuvres, des domestiques ; ni métiers, car il n'y a là aucune école professionnelle. De sorte qu'à 21 ans, lorsqu'il en sort, le jeune garçon n'a aucun sérieux moyen d'existence, aucun état ; il est déjà trop âgé pour en apprendre un, lequel d'ailleurs exigerait de une à quatre années d'apprentissage et des sacrifices financiers jusqu'au moment d'être ouvrier. Alors, le plus souvent, les funestes conseils de la misère sont fatalement suivis par le déclassé.

Quant aux jeunes détenues, elles ne sont guère occupées qu'à coudre... au bénéfice du directeur ou de l'ordre monastique exploitant. Qu'on ne croie pas que j'exagère : en 1877, 1,869 jeunes filles ont fait dans ces 22 colonies privées 528,867 journées de travail. Outre tant d'autres, c'est là un beau produit, auquel, notez encore ceci, il faut ajouter une allocation quotidienne de 75 c. pour chaque jeune garçon, de 60 c. pour chaque jeune fille. Donc, outre leurs diverses et nombreuses sources de recettes, ces 22 colonies privées reçoivent de l'Etat les grosses sommes ci-après :

	Par jour.	Par an : 365 jours.
Pour les 7,215 jeunes garçons ..... Fr. 5,490 »		2,003,850 »
— 1,758 jeunes filles........... 1,054 •		385,002 »
D'où TOTAUX...... Fr. 6,544 •		2,388,852 »

Que de réflexions, que de réformes à faire sur tout cela !

Non, plus de colonies pénitentiaires *privées*, rien que ... colonies d'Etat dites *publiques;* et faisons faire en ces établissements études et travaux féconds pour le corps social comme pour ces enfants. (Voir ci-après, § 4.) Ne les laissons plus devenir des déclassés, forcés en quelque sorte, — oui, *forcés* pour la plupart aujourd'hui, — de devenir des voleurs, des assassins, des prostituées. Avec les colonies privées actuelles, sauf peut-être en celle de Mettray, que deviennent les « correctionnels ? » Hélas ! trop souvent ce que je viens de dire.

Pour transformer les établissements privés en établissements publics, l'Etat n'a qu'à les acquérir ; la somme ne serait pas trop grosse ; d'ailleurs, en cas de prétentions de vente exorbitantes, on pourrait, en attendant l'effet d'amortissements annuels, servir l'intérêt de la somme à payer. D'un autre côté, on pourrait faire contribuer et les parents, et la commune de naissance du jeune détenu, et le département ; d'un autre côté encore, l'Etat disposerait, en déduction de ses dépenses de ce chef, des 2,382,720 fr. qu'il verse actuellement aux colonies privées, et qui représentent déjà au moins les frais de nourriture des 8,945 petits correctionnels des colonies *privées*.

§ 3. — Orphelins. — Enfants trouvés et abandonnés. — Enfants de condamnés.

Il est absolument nécessaire que l'on crée des colonies *agrico-professionnelles* destinées à ne recevoir que les orphelins, les enfants trouvés ou abandonnés, ceux *sans soutiens suffisants* ou n'en ayant que de pernicieux, et les enfants laissés sans soutien par les condamnés à leur entrée en prison.

Ceci dit pour les deux sexes.

A quoi bon, sur ce touchant sujet, entrer dans d'oiseux développements ? Chacun m'a déjà compris.

§ 4. — Travaux et enseignement des futures Colonies, soit des enfants énumérés au § précédent, soit des jeunes correctionnels.

Pour les jeunes garçons, faisons de ces établissements de véritables Ecoles *primaires, professionnelles, agrico-horticoles,* — en y ajoutant même l'*apprentissage du soldat* (ce qui serait aussi *une carrière,* et fort honorable), — soit au moyen d'instituteurs attachés à chacune d'elles, y faisant même des cours de comptabilité et de dessin industriel, soit par des ateliers de serruriers-mécaniciens, cordonniers, menuisiers, ébénistes, charpentiers, tailleurs d'habits et de pierres, tisseurs, chapeliers, relieurs-cartonniers, etc., et même une petite typographie lui fournissant toutes ses impressions ; soit, enfin, par une petite exploitation agrico-horticole avec cheptel et outillage suffisants.

Agissons de même pour les jeunes *détenues,* desquelles on ferait des *ouvrières* modistes, tailleuses, lingères, repasseuses, comptables, tisseuses, etc. Il faut en outre, pour ces jeunes filles, créer des *Ecoles de Ménagères* sur le modèle, mais moins circonscrit, de celle de Matters (Suisse) ; elles y apprendront la cuisine et tous les services qui s'y rattachent, le ravaudage, les soins à donner aux malades, la connaissance des simples, etc.; et, aussi au moyen d'une petite exploitation agrico-horticole, les travaux du jardinage, de laiterie, de basse-cour et de porcherie; la fabrication du beurre et des fromages ; la tenue du fruitier, du cellier, du grenier ; les soins de la bergerie, de la magnanerie, etc.; et même la comptabilité agricole. Que de bonnes ménagères et fermières sortiraient de ces Ecoles et de ces Colonies de jeunes détenues !

§ 5. — Pécule des jeunes détenus.

J'insiste sur ceci :

Il faudrait laisser aux jeunes détenus et détenues au moins un tiers du produit de leur travail, et verser chaque mois ce pécule dans la caisse d'épargnes la plus voisine, afin que chacun et chacune touchent à leur libération le total capitalisé desdits versements mensuels. — En cas de décès avant libération, il serait fort bien de faire trois égales parts du pécule du décédé (ou de la décédée), savoir :

1/3 formerait un fonds mutuel de gratification, de soutien pour les autres détenus (ou détenues) de la même colonie;

1/3 à l'Etat;

1/3 aux parents ascendants ou frères et sœurs seulement; s'il n'y en a pas, ce dernier tiers aurait la même destination que le premier.

§ 6. — Les jeunes détenus aux Etats-Unis.

En terminant ce chapitre, je crois fort intéressant de rappeler (ou d'apprendre) à mes lecteurs qu'en 1874 les Congrès des Etats de la Caroline du Nord et du Missouri ont demandé au Parlement des Etats-Unis une loi décidant que « *tout mineur convaincu d'un délit fût condamné à* « *apprendre un métier s'il n'en a pas, d'après les apti-* « *tudes qui lui seront reconnues par les officiers de la* « *prison, et que la durée de la peine soit suffisante* « *pour qu'il ait le temps de devenir parfaitement maître* « *dans ce métier.* »

Je demande, moi, *que l'Etat soit condamné à faire apprendre un métier* aux jeunes détenus et détenues correctionnels. Dès lors « l'armée du crime » serait, à l'avenir, d'un recrutement moins facile, moins terrible.....

CHAPITRE V.

Personnel de gardiennage des Prisons. — Traitements insuffisants. — Recrutement. — Réformes nécessaires.

§ 1er. — Ce qu'est et ce que doit être le personnel.

Là aussi bien des réformes à introduire. Et je puis en parler un peu *ex professo*, car, de par un emprisonnement

politique de quelques mois, j'ai pu me faire sur le personnel des prisons une conviction *de visu, de auditu* et
de manu.

Sauf dans les hauts emplois, c'est-à-dire inspecteurs, directeurs, greffiers, comptables, instituteurs, et même gardiens-chefs, on peut presque dire que « le personnel de
garde et de surveillance » laisse trop à désirer sous certains
rapports. Il est à noter, je l'ai pu constater personnelle-
ment, que ce n'est pas au gardien, au *geôlier* méritant ce
qualificatif, que le prisonnier, prévenu ou condamné, obéit
le mieux, non ; en prison de Grenoble, j'ai vu de bien mauvais garnements obéir toujours, sans hésiter, à un brave
guichetier, illettré, dont toute la personne, le langage, le
regard, le geste transsudaient en quelque sorte la douceur.
On ne lui refusait rien de ce qu'il ordonnait, et pourquoi ?
« ... Pour ne pas lui faire de la peine ! » (textuel) ; tandis
qu'avec un autre, dont le surnom d'*Œil sanglant* dépei-
gnait l'atroce caractère, les détenus, les *politiques* eux-
mêmes, étaient en irritation continuelle bien fondée.

§ 2. — Traitements.

Comment peut-on prétendre avoir un corps de gardiennage non sujet à critique, *prévenant* plutôt que *réprimant,*
parlant avec la raison et le cœur au lieu de montrer sans
cesse des dents de bouledogue, quand, dans les 378 prisons
départementales (non compris les chambres de sûreté),
les 1,826 gardiens du *service de la surveillance,* à divers
grades, n'ont que les traitements suivants, dont les détails
m'ont été obligeamment fournis par le service administratif
de la maison d'arrêt de Grenoble, prison chef-lieu :

Gardiens-chefs. — Dans les prisons dont la population
moyenne est au-dessus de 30 détenus, le *maximum* du
traitement des gardiens-chefs est de 1,800 fr.; au-dessous

de cette moyenne, 1,600 fr. Leurs traitements *de début* sont de 1,000, 1,200, 1,400 et 1,500.

Gardiens ordinaires. — Maximum, 1,100 fr., débutant à 900 et 1,000 fr.

Surveillantes laïques. — 250 et 350 fr.

Surveillantes religieuses. — 500, 600 et 700 fr., mais elles n'ont pas droit au pain, comme ci-après.

Tous ces agents ont droit, il est vrai, à 750 grammes de pain par jour payés par l'entrepreneur des travaux, et à une indemnité de 5 fr. par mois, *aussi payée par l'entrepreneur.* Cette indemnité transforme en réalité les agents de surveillance en commis des entrepreneurs, et il y a là des conséquences regrettables à divers points de vue. (V. en effet ci-après, chap. VI, § 4.)

De tels appointements sont non seulement dérisoires, insuffisants et de beaucoup, en l'état de cherté croissante de toutes les choses de la vie, mais ils paraissent plus injustes encore, quand l'on songe que ces humbles mais utiles employés font abandon des 9/10es de leur liberté, courent chaque jour des risques graves, et sont voués en réalité, eux et leurs familles, à la « portion congrue » pendant leur activité, à une véritable misère dès leur mise en retraite.

Il est de toute justice de hausser de 300 fr. chacun des traitements dont je viens d'indiquer la trop minime quotité, ce qui n'ajoutera qu'environ 600,000 fr. aux dépenses de l'Etat.

Quand il en sera ainsi pour les diverses classes de gardiens et de surveillantes laïques, le recrutement d'un gardiennage entièrement recommandable sera facile. Les sous-officiers, caporaux et soldats de terre et de mer y afflueront. Par un meilleur gardiennage, que de crimes ou répressions de moins, que de *repentirs* de plus !

§ 3. — Gardiennage honoraire de notabilités.

Je voudrais aussi qu'on donnât aux fonctions de gardien pénitentiaire un reflet moral qui amenât leur respect par les criminels du dedans comme par les citoyens du dehors. Pour conquérir cet excellent résultat, il faudrait créer auprès de chaque prison, et plus spécialement encore auprès de chaque colonie pénitentiaire d'enfants, un *Comité de Gardiens honoraires,* composé de dix à vingt des plus hautes notabilités de la localité, à l'instar de ce qui se pratique en Angleterre et qu'il faudrait bien implanter en France *pour la police* MUNICIPALE, par des corps de constables d'honneur.

L'action morale d'un tel Comité sur les gardiens, sur les prisonniers, serait certainement des plus heureuses à tous les points de vue.

CHAPITRE VI.

« Entreprise » ou « régie » du travail dans les prisons. — Suppression de la régie.

§ 1er. — Ce qu'est l'entreprise. — Ses quote-parts.

L'*entreprise* est la concession faite par l'Etat, — selon un cahier des charges et le plus habituellement pour 3, 6 ou 9 ans [1], — du travail à fournir aux condamnés, exécutés par eux, et payés auxdits condamnés sur un tarif approuvé par le ministre de l'intérieur et le préfet.

D'après ce tarif, les *prévenus* (s'ils travaillent, car pour eux le travail est facultatif) reçoivent les 7/10es du produit : les autres 3/10es sont concédés à l'entrepreneur ; les condamnés correctionnels, 5/10es au prisonnier, 5/10es à

---

[1] Il y a cependant un marché pour dix-huit ans, concédé aux héritiers d'un nommé Latour.

l'entrepreneur. Les détenus de maisons centrales sont, pour le travail, classés selon leur catégorie pénale ; suivant le nombre et la nature de leur condamnation, ils reçoivent ou les 5/10es, ou les 4/10es, ou les 3/10es, ou les 2/10es, ou enfin, le 1/10e de leur travail. Soit en maisons centrales, soit en toutes autres prisons, les condamnés ne travaillent en général que dix heures par jour.

§ 2. — Ce qu'est la **régie**.

Le travail fait en régie est fourni et dirigé par le directeur de la prison.

Quant aux maisons centrales, ce mode n'est appliqué qu'à 5 établissements sur 24.

§ 3. — Suppression de l'entreprise.

D'abord, n'est-il pas profondément immoral de permettre à l'industrie privée de se glisser dans les prisons pour y spéculer sur le travail des détenus, sur leurs aliments et vêtements, c'est-à-dire de faire sur ces malheureux des gains si déloyaux, si inhumains, que la conscience de certains honnêtes directeurs de prisons se révolte et les fait s'interposer entre leurs « pensionnaires » et une indigne exploitation ?

N'est-il pas dangereux de créer entre les directeurs et les fournisseurs ou des antagonismes sérieux, ou des ententes possibles ?

Pourquoi, alors que sa dépense est de 25 millions de francs, l'Etat n'encaisserait-il pas, par la suppression de l'entreprise et la mise en régie, le gros bénéfice fait par l'entreprise, bénéfice qui diminuerait d'environ 3 millions de francs au moins le solde actuel de la dépense, laquelle est d'environ 18 millions de francs ?

La nomenclature des *entrepreneurs* de toutes les prisons est curieuse à parcourir : j'y vois se répéter souvent

les mêmes noms pour plusieurs prisons ; ainsi M. Céalis
(6 fois), Lhermitte (11 fois), Hayem (3 fois), Brunswick
(9 fois), etc. J'y vois la société Petit-Farcy-Oppenheim,
un noble (M. Charles de Wildermeith), Mme veuve Pulicani,
la communauté de Saint-Vincent-de-Paul de Strasbourg,
etc. Ils sont seulement une cinquantaine, pour l'ensemble
de toutes les prisons et chambres de sûreté.

Dans la Haute-Savoie, les entrepreneurs pour la centrale
d'Albertville sont MM. Lefranc, Couton et Roudier ; le
prix de journée qui leur est alloué est de 39 c. 50. Pour les
prisons dudit département, M. Burlet ; prix de journée,
72 c. 9.

Dans la Savoie, aussi M. Burlet, aussi 72 c. 9.

Dans l'Isère et les Hautes-Alpes, M. Boucon : 68 c. 9
par journée.

§ 4. — Le travail prisonnier aux Etats-Unis.

Aux Etats-Unis, pays qui a l'habitude de ne s'attacher
qu'à choses pratiques et fécondes, il y a eu trois systèmes :

1° Le *leasing system :* « affermage des prisons et des
prisonniers ; »

2° Le *contract system :* traité avec des entrepreneurs ;
c'est notre « *entreprise;* »

3° Le *state account :* la régie par l'officiel *warden*
(gardien) de la prison, qui achète les matières premières,
fait fabriquer et vend les produits.

Si cette Etude n'était déjà si longue, je reproduirais
sur ces trois « systèmes » de très curieux détails donnés en
1877 par M. Ch. Babinet, conseiller à la cour de cassa-
tion. Je me bornerai à dire que le système qui l'a emporté
aux Etats-Unis est celui de la régie. Et voyez-en les
résultats par les deux exemples ci-après seulement :

1° En Pensylvanie, dans la maison de correction d'Al-
legheny, pour une moyenne de *350 prisonniers,* détenus

seulement *68 jours* chacun en moyenne, le *warden* de la prison a enregistré un bénéfice de 15,000 dollars (79,650 francs) par an. Avec 300 jours, cela eût fait 66,177 dollars (351,399 fr.) d'excédents de recettes, au lieu d'avoir à parer, comme chez nous, à d'énormes déficits.

2° Il y a plus : dans l'Ohio, le *warden* colonel Raymond Burr a obtenu pendant sept ans un gain *annuel* de 32,565 dollars (172,920 fr.), soit pour les sept ans, en une seule prison, 1,210,440 fr.

M. Babinet cite du système de l'entreprise (*contract system*), aux Etats-Unis, des faits de spéculation littéralement révoltants : des entrepreneurs « s'y sont arrogé le pouvoir de déplacer les employés de l'Etat, de faire accorder des grâces, ou d'exercer des vengeances contre des prisonniers qui ont encouru leur déplaisir.... »

En résumé, que l'on interroge, ainsi que je l'ai fait, des directeurs de prisons, tous vous répondront : Il faut supprimer l'*entreprise* et la remplacer par la *régie*.

IVᵉ PARTIE.

LACUNES DANS LES PÉNALITÉS CRIMINELLES ET CORRECTIONNELLES, RÉPARATION CORPORELLE ET RÉPARATION FINANCIÈRE.

---

§ 1ᵉʳ. — Digression sur la « Réforme pénale ».

Il ne suffit pas d'être un jurisconsulte profond ou un magistrat écouté pour bien voir ou les lacunes, ou les irrationalismes *actuels* des Codes pénal et d'instruction criminelle ; j'oserai même ajouter que magistrats et jurisconsultes sont peut-être moins aptes que de simples citoyens n'ayant fait aucunes études juridiques, à juger sans passion des réformes judiciaires que peuvent rendre indispensables les transformations sociales, politiques et économiques dérivant de ce que j'appellerais volontiers *les mutations de l'Humanité*.

Il est remarquable, en effet, que certaines fonctions, que certains « spécialismes » d'ordre scientifique ou très intellectuel absorbent, accaparent si bien l'ensemble de l'homme qui leur est comme voué, que malgré lui, à son insu pour ainsi dire, il passe tout au creuset ou sous le niveau de ces spécialités ou fonctions. Au contraire, lorsqu'un esprit réfléchi n'est pas *immutabilisé* en quelque sorte par des fonctions intellectuelles absorbantes, ne laissant guère pour

perspective qu'un point de l'horizon humain, — telles, par
exemple, que celles du magistrat, du médecin, du prêtre, de
l'astronome, du chimiste, — il peut plus facilement sonder
les profondeurs de l'ensemble humanitaire, et les juger en
homme non inféodé à telle ou telle partie de cet ensemble.
De là un rayon visuel non sujet à une oblitération partielle.

En outre, sans prétendre, en ceci, donner tort ou raison à
l'attaque comme à la défense, — défense et attaque qui me
paraissent, à moi non partie directement intéressée à ce
débat, aussi exagérées, aussi passionnées d'un côté que de
l'autre, — n'est-on pas un peu fondé à se dire que si la
magistrature ne s'était pas si bien cantonnée dans les spécialismes de ses traditions de corps et de l'esprit d'une jurisprudence qui, à peu de chose près, a été immuable depuis
deux ou trois générations très dissemblables de passé et
de présent ; si, loin de ne vouloir donner aucune audience à
une opinion publique, évidemment exagérée il est vrai et
dépassant les seuls buts logiques, la Magistrature eût indiqué, demandé elle-même les nombreuses réformes à introduire, au Civil, au Criminel, comme en Droit public et
administratif, dans des Codes faits pour la première République, pour deux Empires, pour deux Restaurations, pour
la monarchie de Louis-Philippe, pour une troisième République, le pays tout entier, la Magistrature elle-même, y
auraient profondément gagné.

Depuis peu d'années, une nouvelle Société a surgi : à
moderne Société, législation et administration adaptables...

Voilà, — qu'on me la pardonne, — une bien longue di-
gression, mais dénuée de toute arrière-pensée de critique
malveillante visant tel ou tel parti politique, pour arriver
à dire qu'il est indispensable de *modifier* au plus tôt
certains points de la législation actuelle, de combler des
lacunes qui deviennent de plus en plus regrettables. Je

n'ai nullement la prétention d'énumérer *toutes* ces modifications, d'indiquer *tous* les vides à remplir : de ma part, ce
serait une colossale outrecuidance ; je me garderai de la commettre, car, pour juger de toutes ces si importantes choses,
je n'ai pour guide que le bon sens et l'esprit d'équité. A
ceux qui savent, qui peuvent, à accomplir cet utile, ce noble travail de réforme judiciaire !

Je ne me suis permis déjà (Voir en plusieurs parties de ce
qui precède), je ne me permettrai encore dans les pages qui
suivent que d'*indiquer* les modifications ou lacunes se rat-
tachant directement à quelques-unes de mes idées sur le
régime pénitentiaire, comme sur les pénalités qu'il convient
de créer ou de réformer.

Entre ces lacunes, celle sur laquelle porte l'argumentation qui suit est des plus regrettables ; j'ose même ajouter
qu'il est incroyable qu'elle ait pu exister, qu'elle existe encore, car, sur ce point spécial, notre législation actuelle est,
on le reconnaîtra bientôt sans doute, une véritable néga-
tion du Droit, de l'Equité.

§ 2. — Le travail des Condamnés considéré en droit et en fait.

« ..... C'est non seulement le droit, mais c'est surtout
le devoir de l'Etat de faire travailler dans les prisons. »
(Rapport de M. Fernand Desportes au Conseil supérieur
des prisons, 18 7.)

J'ajoute que est bien là, en effet, le devoir de l'Etat, soit
au point de vue moralisateur, soit aussi parce qu'il est de
stricte équité et de bonne économie sociale de tirer du condamné, autant que possible, des *compensations effectives*
au mal qu'il a fait à un ou plusieurs membres de la
société, aux dépenses occasionnées par la prévention,
l'arrestation, l'instruction de la cause, la condamnation, la
répression pénale du délit ou du crime dont le prisonnier

s'est rendu coupable [1]. De nouvelles dépenses *sans compensation* faites par la Société pour le prisonnier dont le méfait lui a déjà été onéreux du moment même où il l'a commis, ne seraient qu'une aggravation des conséquences privées et publiques dudit méfait. Donc, le condamné doit réparer *dans la mesure du possible*, soit envers l'individu ou la famille qu'il a lésé, soit envers la collectivité, ayant seule mission et pouvoir de punir le préjudice particulier et général qu'il leur a causé. C'est ce que j'appellerais volontiers des *dommages-intérêts de droit naturel et primordial.*

Oui, tout préjudice doit être réparé, au criminel aussi bien qu'au civil, et cette réparation doit avoir de bien autres bases que celles des art. 8, 6, 10, 11, 46 et 51 du Code pénal.

L'*amende,* il est vrai, est établie par l'art. 9, mais au bénéfice de qui ? De l'Etat,

Que dit l'art. 11 ? « Le renvoi sous la surveillance de la haute police, l'*amende* et la confiscation spéciale, soit du corps du délit quand la propriété en appartient au condamné, soit des choses produites par le délit, soit de celles qui ont été destinées à le commettre, *sont des peines communes aux matières criminelles et correctionnelles.* »

Voilà posé le principe de la *peine financière,* mais, encore une fois, au bénéfice de qui? De l'Etat [2]. Et cependant l'art. 51, plus encore que l'art. 11, entr'ouvre la porte à

---

1 En Angleterre, les détenus ne reçoivent de leur travail *aucun* salaire ; tout le produit est encaissé par l'Etat ; il ne leur distribue que des « gratifications ayant pour bases des nombres de « points de bonne conduite. » Ces gratifications varient de 1 fr. 25 c. à 3 fr. 10 *par mois,* destinés à un pécule de sortie qui ne peut excéder 75 fr., ou, dans certains cas, 150 fr. — Je me garde de donner ce fait comme exemple à suivre en France.

2 Code d'instruction criminelle, art. 541. (Ce Code a été promulgué le 27 novembre 1808.)

cette sorte de réparation, mais ne fait si bien que l'en-
tre-bâiller, que pour que le lésé obtienne réparation financière, il faut qu'il (ou sa famille) se porte, à ses risques et
périls, *partie civile* [1].

Le fait d'attribution à l'Etat de la quotité de l'amende
prononcée reçoit encore une sorte de consécration de par
l'art. 46 du Code pénal, seulement relatif aux *cautions*
d'un prévenu mis en liberté sous caution, lequel se termine
ainsi : « Les cautions seront contraintes, même par corps,
au paiement des sommes portées (dans l'acte de caution).
— Les sommes recouvrées seront affectées de préférence
aux *restitutions,* aux *dommages-intérêts* et *frais* adjugés
aux parties lésées par ces crimes ou délits. »

Par conséquent, hors ce cas spécial dûment défini, les
lésés n'ont aucun droit à tout ou partie des amendes pro-
noncées par cours d'assises et tribunaux.

Donc, l'Etat bénéficie (le mot est gros, mais le Code
pénal le légitime) des crimes et des délits. De par le Code
pénal, appuyé, escorté des innombrables agents ministériels
et de la force publique, il fait, outre les frais de justice,
argent, — entre autres délinquants, contrevenants ou criminels proprement dits [2], —

Des non-dénonciateurs ;

Des magistrats et fonctionnaires prévaricateurs ;

Des faux-monnayeurs ;

Des faussaires ;

Des pornographistes ou des condamnés pour viols ou
attentats à la pudeur;

Des escrocs, des voleurs, des filous ;

---

1 Code d'instruction criminelle. — Voir surtout les art. 136, 315, 358,
359, 362, 366, 436, 384, 585, 587.

2 Code pénal, art. 128, 129, 131, 135, 164, 172, 175, 177, 179, 181, 184
187, 311 et suiv., 319, 320, 401, 410-411.

Des usuriers ;

Des falsificateurs de denrées et des *commerçants* à faux poids ;

Des calomniateurs ;

Des teneurs de tripots ;

Des coupables d'homicides et de coups et blessures ;

Des banqueroutiers frauduleux ; etc., etc.

C'est-à-dire que l'Etat tire recette de tous les malandrins condamnés par cours d'assises et tribunaux correctionnels ! Et dire que, du jour de la mise en vigueur du Code pénal (22 février 1810), aucune des législatures issues des Pouvoirs si nombreux qui se sont succédé en France n'ont tari une source de recettes aussi nauséabonde !

Ce n'est pas tout. Cette impureté *légale* a pour corollaire, pour complément, une énormité fiscale :

Voici commis un *crime* ou un *délit :* le coupable est arrêté ; le voilà devant une cour d'assises ou un tribunal correctionnel ; arrêt est prononcé, il est condamné : il semble équitable au premier chef que, soit en première ligne, soit au moins parallèlement à la part de la *vindicte publique,* l'arrêt porte réparation du tort causé à tous souffrants de par attentats contre les personnes ou contre les propriétés. Et, alors, comment la question se pose-t-elle *naturellement ?* A la victime, la réparation *financière ;* à l'Etat, la réparation *corporelle,* par laquelle le Pouvoir exécutif, — délégué par la collectivité pour veiller à la sûreté de chacun des citoyens, — met temporairement ou à perpétuité le malfaiteur dans l'impossibilité de commettre un nouveau méfait.

Donc, il est à la fois et logique et de saine jurisprudence, que soit d'abord la fortune d'un criminel (s'il en a au moment de la répression, OU S'IL LUI EN ADVIENT PLUS TARD PAR HÉRITAGES OU DONATIONS), ou celle de ses complices,

mais à degrés moindres, — actuelle ou future, — soit son
travail de détenu s'il n'a que son cerveau et ses bras,
servent à réparer *proportionnellement* le préjudice causé
à la victime et à sa descendance ou ascendance ; et, si fortune ou travail du condamné font défaut pour cause ou
autre, l'Etat doit lui être substitué pour cette moitié de la
double réparation que je propose, et pour la certitude de
laquelle, en ce qui concerne la partie financière, je réclame
la création d'un fonds spécial. (Voir plus loin.)

§ 3. — Réforme en ce sens du Code pénal.

Oui, après y avoir mûrement réfléchi, je demande *for-
mellement* que, soit par les voies et moyens que j'indi-
querai, soit par tout autres s'il y en a de préférables, les
jugements correctionnels et les arrêts d'assises stipulent en
faveur du lésé (ou s'il y a eu fait de mort, en faveur d'abord
des orphelins et de sa veuve, puis de la mère, du père,
selon les cas) une indemnité proportionnelle au tort matériel causé ; et, ce, *sans que la victime ou la famille soit
obligée de se porter* « PARTIE CIVILE » *au procès :* risque
qu'il n'est ni honorable pour le corps social, ni de stricte
justice, de voir courir à qui a déjà souffert par malfaiteur
poursuivi.

N'est-il pas, aussi, profondément inique que le montant
intégral des *amendes* édictées par le Code pénal dans la
plupart des cas et presque toujours appliquées par les
magistrats, soit versé au Trésor de l'Etat, au lieu d'être
remises ou au préjudicié, ou à ses enfants, ou à ses ascendants ? N'est-ce pas là ce que je peux appeler une aggravation LÉGALE du tort ? C'est presque ... une complicité ;
en tous cas, au fond, c'est une sorte de soustraction, or-
donnée par le Législateur, d'un moyen de réparation qui
aurait diminué les malheurs résultant d'un crime ou d'un

délit quelconque. Et plus le montant de l'amende est élevé, d'autant le tort légal est grand, car plus le Code pénal appauvrit le condamné, moins une réparation financière est possible quand le fisc a palpé l'amende.

N'est-il pas, en outre, non moins illogique que le Trésor ait le droit de saisir-arrêter non seulement l'avoir du criminel au moment du prononcé de l'arrêt, mais même, au besoin, le pécule, c'est-à-dire le produit du travail du condamné, afin de se rembourser de tout ou partie des *frais de justice* et de l'amende fixée par l'arrêt [1], tandis que le préjudicié, ou ses enfants et ascendants, sont totalement frustrés du produit de ces amendes ? Les *frais de justice,* passe encore ! Mais l'*amende,* pourquoi la soustraire à la victime, déjà douloureusement frappée dans son Présent, dans son Avenir ? Je répète le mot, c'est une *iniquité* LÉGALE.

Certes, je sais bien que ces idées ne sont pas nouvelles ; je n'ignore pas que dans tous les temps, chez tous les peuples, comme parmi les tribus les plus sauvages, le principe de la double réparation corporelle et financière a reçu, reçoit encore d'innombrables et souvent curieuses applications ; mais je sais aussi que, sauf de rares exceptions, le Code pénal français n'indemnise guère la victime d'un crime contre les personnes que par la..... satisfaction de voir son *préjudiciant* devenir le pensionnaire d'une maison centrale ou d'un bagne, ou être supplicié par « le glaive » de la Loi. Selon la phrase consacrée, « la Justice humaine est satisfaite » ; très bien ! l'incarcération, l'exécution d'un criminel sont, en effet, des satisfactions, des sauvegardes pour la *Collectivité;* mais cette Collectivité qui, par des agents nombreux et spéciaux chèrement payés par tous, a

---

1 Circulaires des ministres de l'intérieur et des finances des 26 janvier et 1er février 1875, et du ministre de l'intérieur du 22 octobre 1880. — Code pénal, art. 53.

le devoir de veiller pour *prévenir*, afin d'avoir le moins possible à *réprimer*, que fait-elle pour celui qu'elle a eu le tort de n'avoir pas su ou, plutôt, pas pu défendre ? Rien ! Bien plus, — contradiction étrange, déni complet du principe de la Responsabilité ! — cette Collectivité, ajoutant une amende à la peine corporelle, se l'adjuge, l'encaisse, et laisse complètement le volé ou l'homicidé en face des conséquences du vol ou de l'assassinat qu'elle n'a pas su ou pu empêcher !

Depuis quelques années, le nombre des récidivistes augmente dans de telles proportions que, selon le si magistral Rapport de M. Bérenger, ancien avocat général à Lyon, ce nombre était arrivé en 1872 au 44, 45, 48 et même 50 p. °/₀ des condamnés de certaines catégories. Pourquoi, aussitôt connue (en 1873), les Pouvoirs législatif et exécutif n'ont-ils pris aucune mesure pour enrayer cette progression du récidivisme ?

L'Etat, — ce n'est pas un sophisme, non, — a charge d'âmes ; il est largement payé pour prévenir et réprimer le criminalisme : s'il fait défaut à son devoir, il devient, au moins dans une certaine mesure, responsable du préjudice advenu de par le non-accomplissement de ce devoir.

§ 4. — Résumé sur ce sujet.

Je conclus ainsi sur l'argumentation qui précède :

1º Punition à la fois corporelle et financière de tout vol, de tout crime ;

2º Accomplissement de la punition financière soit par un prélèvement immédiat sur la fortune personnelle (*actuelle ou à venir*) du condamné, soit par son travail de détenu ;

3º En ce dernier cas, dédommagement partiel au victimé, par l'Etat, dès arrêt définitif ; à l'Etat à se récupérer ensuite soit par travail du détenu devenu son débiteur personnel pendant tout le temps de la peine prononcée, soit par continuation de cette peine pendant un temps déterminé, ainsi que l'Etat a le droit de le faire et le fait, pour les amendes que les contrevenants ou délinquants pauvres ne peuvent payer ; la contrainte par corps n'a pas été abolie pour les débiteurs de l'Etat : il n'y a qu'à l'étendre, à l'appliquer à tout condamné « amendé » par jugement correctionnel ou arrêt de cour d'assises, afin que l'Etat se rembourse de ses débours de « garant » du préjudice causé.

Alors, que de méfaits de moins et combien la Criminalité diminuerait ! Avant de perpétrer vol ou meurtre, le riche près de commettre un attentat contre *propriétés* ou *personnes* ne serait-il pas, *le plus souvent* sinon toujours, arrêté par la certitude que non seulement sa liberté, son existence seront mises en péril de par son méfait, mais encore que son avoir métallique, — pour l'augmentation duquel huit fois sur dix il devient criminel, — sera, grandement sinon en totalité, remis à celui qu'il songe à dépouiller ou à homicider ? Et celui qui n'a rien et qui s'apprête à voler, à tuer pour être moins pauvre, ne se dirait-il pas qu'après la peine corporelle à laquelle il aura été condamné il lui faudra rester en détention jusqu'à ce qu'il ait versé le dernier sou de la peine financière ? Ces deux terribles perspectives forceraient, bien des malfaiteurs, des récidivistes d'aujourd'hui, à rester honnêtes, au moins relativement !

Une réforme du Code pénal en ce sens est nécessaire, urgente. Elle sera des plus fécondes pour enrayer d'abord, puis pour diminuer le « criminalisme ». Si on ne se hâte, d'ici à dix ans il faudra importer en France la loi de Lynch, ou même laisser s'y généraliser le droit de légitime défense, c'est-à-dire la *Loi du Revolver*.

Vᵉ PARTIE.

CRÉATION DE FERMES AGRICOLES PÉNITENTIAIRES.
LEURS MULTIPLES ET FÉCONDS RÉSULTATS.
VOIES ET MOYENS. — AFFECTATIONS DES EXCÉDENTS DE RECETTES.

CHAPITRE PREMIER.
Création de fermes pénitentiaires agricoles.

Dans la IIᵉ Partie (chap. X), j'ai mis en présence les recettes et les dépenses spéciales aux 21 *maisons centrales* (où le travail est le plus considérable), et l'on a vu que ces *maisons* laissent à la charge du Trésor un solde à payer de 6,860,079 fr. Dans la même Partie (§ 1ᵉʳ du chap. X), j'ai groupé tout le budget pénitentiaire, qui se solde, lui, par le gros déficit de 17,091,524 fr., non compris les dépenses *extraordinaires* (constructions de prisons, etc.).

Et, avec le régime de la loi de 1885, ce déficit, déjà énorme, ne fera que croître.

Eh bien ! il serait loin d'en être ainsi avec le système pénitentiaire que je vais exposer, et duquel, au bout de peu d'années après sa mise en œuvre, adviendraient des recettes pouvant à la fois payer toutes les dépenses *ordinaires* et former deux fonds dont les intérêts capitalisés seraient employés comme je le dis plus loin.

Comment obtenir une transformation aussi radicale, aussi heureuse de l'état de choses actuel ?

En substituant le travail agricole au travail industriel pour tous les condamnés au-dessous d'un an ; en créant des FERMES PÉNITENTIAIRES graduées, c'est-à-dire départementales, régionales, algériennes et coloniales outre-mer, et en emplaçant ces fermes dans des localités pouvant être ou défrichées, ou défoncées, ou amendées, ou reboisées, ou gazonnées ou regazonnées, c'est-à-dire mises en état de culture fructueuse.

CHAPITRE II.

Leur nombre.

Y aurait-il obligation, nécessité de créer une de ces fermes agricoles pénitentiaires dans chacun des 86 départements ? Non, certes. A quoi bon, d'abord, en établir en départements où, avec ses ressources individuelles, l'agriculteur ne laisse improductif aucun lopin de sol pouvant être utilisé ? Que feraient-elles, par exemple, en Graisivaudan, en Limagne, en Val de la Loire, en Bourgogne, en Berry, en Nivernais, en Normandie, en Mâconnais, en Beaujolais, en bas Languedoc, en Bordelais, etc., où la terre est fort bien cultivée et le prix de l'hectare si élevé ?

Les deux principaux buts à atteindre, c'est, d'abord, d'occuper les prisonniers à des travaux essentiellement moralisateurs pour eux, occupant davantage leur esprit que des travaux industriels n'absorbant presque que le corps, et dont les produits feraient entrer plusieurs millions de francs dans le trésor de l'Etat, au lieu d'en faire sortir environ 18, comme aujourd'hui ; puis de fertiliser les trop nombreuses parties du sol français encore improductives, afin d'augmenter ainsi très grandement le nombre et la quantité des denrées alimentaires ou de matières premières nécessaires à la France consommatrice, à la France industrielle, et que, au prix de plusieurs centaines de millions de francs, nous importons chaque année de l'Etranger, notamment des blés, des bestiaux d'alimentation ou de cheptel, des fruits, des chanvres, du tabac, des cuirs, de la laine, etc., etc.

En landes, bruyères, pâtis, maigres prairies, ajoncs, montagnes non suffisamment pastorales et pouvant le devenir, en marécages, en sols arides que l'on peut transformer en excellents vignobles, etc., la France compte environ de 10 à 15 millions d'hectares susceptibles, avec efforts et temps suffisants, de produire environ un cinquième de plus des diverses récoltes d'à-présent. En trop de points encore, ou le sol ne produit rien, ou il ne donne que les moindres parties du *summum* possible ; et cela, répète-t-on à satiété, parce que l'Agriculture manque de bras [1]. Eh bien ! employez à la fertilisation du sol, à la production agricole, vos 35,000 à 40,000 adultes condamnés à plus d'un an, vos 9,000 enfants *correctionnels ;* faites-leur augmenter, dans une énorme et très heureuse proportion, tout ce que la consommation mange, tout ce qu'emploie la main-d'œuvre industrielle, au lieu de les occuper, en fainéants presque forcés de l'être, à ne produire industriellement que pour six à sept millions de francs par an, desquels grosse partie est encaissée par des spéculateurs « de prisons ».

---

1 On a beaucoup glosé, on glose encore sur les causes de l'émigration des campagnes vers les villes. Que de suppositions on a entassées sur ce fait! Quant à moi, qui connais bien les campagnards, mon opinion est faite depuis longtemps sur sa cause *ultima :* les *baux à ferme*. Un jour ou l'autre, je traiterai *de nouveau* cette importante question.

CHAPITRE III.

Leurs produits financiers approximatifs.

A 300 journées de travail par an, 50,000 détenus transformés en ouvriers (ou seulement en manœuvres) agricoles font ensemble 15 millions de journées de travail. La moyenne du salaire de chaque journée en maison centrale, c'est-à-dire dans de très mauvaises conditions de rendement et de salaire, arrive cependant à 99 centimes : alors, certes, ce n'est pas exagérer que de porter cette moyenne à 1 fr. 75, ou plutôt à 2 fr., car, d'un côté, nous serions en face d'une main-d'œuvre travaillant et produisant plus rationnellement ; de l'autre, ces 2 fr. ne sont guère que les deux tiers du prix des produits obtenus : d'où différence d'un tiers dont l'Etat serait le bénéficiant à titre de *gain-patrons,* ce tiers étant le net bénéfice sur la main d'œuvre. Et ce gain serait même d'environ *deux tiers* au lieu d'un seul, si nous suivions l'exemple de l'Angleterre, car *la législation anglaise n'accorde aucun salaire aux condamnés ;* mais cet exemple anglais n'est pas à suivre, il s'en faut.

Eh bien ! des 2 fr. plus haut, retranchons 1 fr. pour la nourriture du condamné [1] : nourriture qui sera bien loin

---

1 L'Angleterre ne dépense pas cela par condamné et par jour : et cependant le criminel y est mieux nourri que beaucoup d'honnêtes gens de la France. Qu'on en juge :

Déjeûner. — Tous les jours 1/2 livre de pain, 56 centilitres de potage.

Dîner. — Lundi et vendredi : pain, pommes de terre, bœuf cuit et désossé ; mardi, jeudi et samedi : pain, pommes de terre, soupe ; mercredi et dimanche : pain, pommes de terre, *pudding.*

Souper. — Tous les jours : pain et potage.

D'autres légumes y remplacent assez fréquemment les pommes de terre.

On le voit, l'Angleterre n'émacie pas corporellement le présent et l'avenir de ses *convicts.* Il est vrai que les brumes et les estomacs de la Grande-Bretagne exigent une alimentation plus nutritive qu'en France.

L'ouvrier anglais se nourrit mieux que l'ouvrier français.

de s'élever à ce franc, d'abord parce que celle d'un prisonnier est bien moindre que celle du soldat, ensuite la plus grande partie des choses alimentaires seront produites, récoltées par les détenus, à la fois producteurs et consommateurs : conséquemment, pas de bénéfices d'intermédiaires haussant les prix, qui restent ceux du *revient*.

Donc, il reste au moins 1 fr. ou plutôt 1 fr. 25 par jour représentant le reliquat quotidien de la main-d'œuvre du détenu d'où, pour les 15 millions de journées de travail énumérées plus haut, 18 à 19 millions de francs, ou au moins, à 1 fr. seulement, 15 millions de francs, ce qui couvre presque déjà le déficit relaté au Chap. X de la IIᵉ Partie.

Ce n'est pas tout : à ces 15 (à 18) millions de francs, il faut ajouter les recettes produites par la masse de denrées ou de matières premières de toutes sortes non consommées par les prisonniers producteurs et vendues ainsi que je l'expliquerai plus loin : vente qui sans exagération, au bas mot, serait au moins de 30 à 40 millions de francs.....

Veut-on une preuve à l'appui de cette évaluation du total approximatif de vente des récoltes disponibles ? Elle est facile à donner :

Supposons que sur les 18,000 à 20,000 hectares mis en valeur par nos 30 à 35 fermes pénitentiaires (voir ci-après), il y en ait 5,000 d'emblavés : eh bien ! à 15 hectolitres seulement par hectare et à 20 fr. l'hectolitre, voilà déjà 1,500,000 à 1,600,000 fr. rien que de par froments, la culture la moins productive, sans compter un chiffre important pour les *cultures dérobées*. Ajoutez-y, sur les 15,000 autres hectares, les bestiaux, les vins, les tabacs, les fourrages, les maïs, les chanvres, les miels et cires, les fromages, les fruits (ne coûtant que la cueillette et produisant de nos jours de si grosses sommes), etc., etc., et l'on verra qu'en ne portant en recettes nettes que 25 à 30 millions de francs, je suis énormément en-dessous du vrai.

Que de magnifiques emplois de ces excédents de recettes, après avoir paré à tous les frais généraux !

CHAPITRE IV.

Diversités de Cultures.

Point important, sur lequel j'insiste :

Ne cherchez pas, — loin de là, — pour ces fermes pénitentiaires, la similitude des produits. Au nombre de 30 à 35 au plus, emplacez-les en divers bassins ou régions pouvant, par leur collectivité, donner carrière à toutes les cultures que comportent les isothermes de la France. Ici, produisez céréales, sarrasins, houblons, lins, betteraves à sucre et fourragères, pommes de terre ; là-bas, vins et alcools, maïs, chanvres, soies, tabacs, miels ; ailleurs (particulièrement en localités à gazonner ou regazonner), pâturages, pacages, élevage d'espèce chevaline, bovine, ovine et porcine ; ayez en outre des *fruitières* (fromages de pâtes dure ou molle, beurres) ; créez aussi, là où il y a beaucoup à boiser ou reboiser (ce à quoi, avec la loi-*tortue* du 28 juillet 1860, l'intelligente et savante administration des forêts ne parviendrait que dans plusieurs centaines d'années), des *succursales de reboisement,* et dix ans après le commencement des reboisements, — comme dans le périmètre de l'Ubaye (Basses-Alpes) qui comprend 1,000 à 1,200 hectares, — livrez au pâturage, au pacage des troupeaux, ou transformez en forêts, de nombreux milliers d'hectares de prairies ou de bois, qui, ajoutés aux 15,000 à 18,000 hectares aujourd'hui peu ou pas fertiles sur lesquels vous établirez vos 30 à 35 fermes pénitentiaires, et que vos ruches de déter... transformeront en terres labourables, en vignobles, et... donneront à la France, en peu d'années, quelques mill...ns d'hectares alors productifs et augmentant dans une pro...ortion colossale sa richesse agricole.

Voyez la C...mpine flamande !

Mais gardez-vous de faire diriger exclusivement mes fermes pénitent...aires par des élèves sortis frais émoulus de Grignon, Mo...tpellier, etc.; que les directeurs de cultures y soient de v...is paysans praticiens, faisant produire matériellement et non théoriquement ; sinon, comme à Chiavari, le litre le vin y *reviendra* à 1 fr. 50, et il n'y aura ni assez de bestiaux, ni assez de denrées et de farines pour y nourrir gens et bêtes. Est-ce à dire que je proscrive la théorie *scientifique ?* Non, certes.

CHAPITRE V.

Régions où ces fermes peuvent être créées.

Quant à l'emplacement de ces *fermes,* je n'ai malheureusement que l'embarras du choix. Il y a en France au moins 10 millions d'hectares que le travail agricole pourrait transformer en vignobles, terres à blé (ou en orges, seigles, avoines, etc.), forêts, prairies (sur lesquelles l'élevage des bestiaux pourrait facilement être pratiqué en grand), houblonnières, etc.

Faut-il citer chacun des très nombreux coins stériles de France qu'a...ec plus ou moins de facilité l'on peut « mettre en valeur » ? Que de localités se pressent sous ma plume ! Le delta du Rhône, les vallons et coteaux arides des Hautes et Basses-Alpes, les Dombes du Bugey, les landes, bruyères et ajoncs du Morbihan, la presqu'île du Cotentin, les bocages de la Vendée, le Marquenterre de la Picardie, les bran-

des du Poitou, les marécages de l'Aunis, la Camargue et la
Crau, les gâtines du Nivernais, le Gévaudan, la Sologne
blaisoise, le haut Rouergue, les environs d'Aigues-Mortes,
les landes de Gascogne (particulièrement l'arrondissement
de Saint-Sever et les cantons de Mugron, d'Amou, de
Geaune, etc., où l'on pourrait créer si rapidement de bons
vignobles avec des sols dont l'hectare ne vaut guère aujour-
d'hui qu'en moyenne 600 fr.), la Champagne pouilleuse,
etc., etc. — Puis, pour les forçats et par gradation ascen-
dante de pénalité d'incorrigibles et de certaines catégories
de récidivistes, la Corse, l'Algérie, la Calédonie, les Marquises, le Sénégal, la Guyane, puis Mayotte ou Nossi-Bé
(entre l'Afrique et Madagascar).

Voilà de quoi emplacer, de la manière la plus rationnelle,
la plus féconde, 30 à 35 fermes pénitentiaires, avec quelques
succursales de boisement-reboisement, de gazonnement-
regazonnement, de stations d'élevage pour espèces bovine,
porcine et ovine, et des fruiteries-fromagères (en lesquelles
un grand nombre de condamnées, — spécialement les reclusionnaires, — seraient là heureusement utilisées et produi-
raient des millions de francs de fromages, de beurre et de
petit-lait).

CHAPITRE VI.

Objections relatives au gardiennage et à la dépense de ces fermes.

Je vois se dresser tout de suite contre *mes fermes* deux
objections principales (ou plutôt il n'y a que ces deux-là)
qui, au premier abord, paraissent sérieuses, mais elles vont
disparaître sous l'argumentation, les faits et les chiffres
ci-après :

§ 1er. — Gardiennage en général.

Comment *garderez*-vous, comment surveillerez-vous efficacement ces immenses fermes, contenant de 800 à 1,200 criminels, emplacés qu'elles seront en pleines campagnes ou montagnes, où les facilités d'évasions seront d'autant plus grandes que le périmètre du pénitencier sera plus vaste?

Je réponds :

Comment garde-t-on les asiles départementaux d'aliénés (dont quelques-uns ont jusqu'à 20, 30, 40 hectares de clos *agricoles* cultivés par certaines catégories d'aliénés [1]), les maisons centrales, les prisons actuelles, les reclusionnaires

---

1 La surface agricole de l'asile d'aliénés de l'Isère est d'environ 20 hectares cultivés par 87 *aliénés* ou *aliénées*, savoir :

10 femmes au petit jardinage (1 surveillante laïque) ;

10 cultivateurs (1 surveillant) :

6 au bétail ;

19 jardiniers (2 jardiniers surveillants) ;

42 terrassiers : défoncements, transports, assainissements, défrichements (1 surveillant pour 15 hommes).

En animaux domestiques, ce domaine rural d'ALIÉNÉS a 2 chevaux, 1 ânesse, 4 génisses, 2 bœufs, 13 vaches laitières (race *tarentaise*), 2 vaches de travail, 30 porcs, 2 ruches, et une basse-cour d'environ 200 gallinacés.

Le travail agrico-horticole de ces 87 aliénés est excessivement favorable à leur *apaisement*, à leur *cure* : il fait partie du traitement de leur folie ; quelques-uns y vivent même en liberté presque absolue. Est-il présomptueux de croire que le travail rural *apaisera*, *guérira* aussi, sinon tous, du moins le plus grand nombre des condamnés d'assises et de correctionnelles ? A mes yeux, *un crime* proprement dit est, dans la plupart des cas, un *acte de folie*.....

Fait à noter, et qui vient tout à fait à l'appui de ce que je dis relativement aux énormes économies que ferait le budget de l'Etat de par les productions (même seulement *horticoles*) de mes fermes pénitentiaires; il est à remarquer que les légumes produits sur *une petite partie* des 20 hectares (cultivés par 87 ALIÉNÉS !) suffisent à cette partie de l'alimentation d'environ *900 personnes* formant la population dudit Asile, et qu'il y a même un surplus vendu au-dehors.

Donc, voilà les 1,000 à 1,200 condamnés de chacune de nos *fermes* à peu près nourris par le produit *horticole* de *quelques hectares seulement* sur leurs 500 en moyenne...

de Belle-Isle, de Thouars et de Landerneau, les forçats de la Nouvelle-Calédonie ?

Par des gardiens, des sentinelles en nombre suffisant [1], et par des murs d'enceinte. Une compagnie de soldats ou quelques brigades de gendarmes suffiraient largement à chacune de mes fermes ou stations, car, *de jour,* pendant les travaux dans l'enclos, sentinelles et rondes *extérieures* incessantes ne laisseraient rien échapper ; *de nuit,* les condamnés seraient remis sous verroux, et la surveillance ne s'endormirait pas.

Puis, n'en a-t-on pas moins édifié, conservé, prisons, bagnes et colonies, quand même quelques évasions ? L'évasion possible de quelques condamnés sur 50,000 peut-elle être, en face d'aussi grands résultats, un argument digne d'arrêter un seul instant un esprit sérieux?

§ 2. — Gardiennage des pénitenciers agricoles de la Corse.

D'ailleurs, puisqu'il s'agit de gardiennage de *fermes agricoles pénitentiaires,* je n'avais qu'à prier M. Passano, ancien directeur des prisons de l'Isère et des Hautes-Alpes, qui a été l'un des fonctionnaires du pénitencier agricole de Chiavari (Corse), de dire comment on *gardait* les détenus des trois établissements de la Corse (Casabianda, Castelluccio et surtout Chiavari, qui a une étendue agricole de 2,500 hectares cultivés par 770 condamnés alors qu'il y était).

C'est ce que j'ai fait. Avec sa parfaite obligeance, M. Passano m'a répondu textuellement ce qui suit. Ecoutez :

« A Chiavari, la population est *toute* occupée aux tra-

---

[1] Les prisons anglaises ont un gardien par vingt détenus, ce qui ne ferait que 55 à 65 par chacune de mes fermes, soit 3,000 environ pour toutes. C'est peu.

« vaux agricoles ; 100 à 150 hommes (sur 770) forment
« les ateliers industriels *pour les besoins de l'exploitation,*
« c'est-à-dire qu'on y fabrique des *instruments aratoires,*
« *tonneaux, charrettes,* etc.

« *Les bâtiments ont été construits par la main-*
« *d'œuvre des détenus* (maçons, charpentiers, etc.).

« Les détenus occupés aux travaux des champs sont
« classés par *chantiers* de 25 à 30 hommes, et *par caté-*
« *gories* (vignerons, jardiniers, mineurs, terrassiers, irri-
« gateurs, etc.

« Chaque chantier est surveillé par *un gardien ;* le
« travail est conduit par un chef de chantier (*détenu*),
« sous la haute direction, bien entendu, du régisseur des
« cultures de la colonie.

« Le soir, *tous les chantiers rentrent à la même*
« *heure,* et DANS L'ORDRE LE PLUS PARFAIT, à l'établisse-
« ment, où ils sont couchés et surveillés, pendant la nuit,
« COMME CEUX D'UNE MAISON CENTRALE, c'est-à-dire dans
« des dortoirs de 100 à 150 hommes, où une surveillance
« spéciale est exercée. »

Cette réponse est déjà suffisante pour calmer toute in-
quiétude relative à de prétendues difficultés de gardiennage
de mes *fermes*. Mais écoutez encore M. Passano, si com-
pétent :

« En résumé, un pénitencier agricole n'est qu'une grande
« *ferme* exploitée par des hommes *non libres,* soumis à
« une discipline et à un régime réguliers. »

Donc, point d'objection sérieuse quant au gardiennage de
mes fermes ayant en moyenne 500 hectares, puisque celui
de Chiavari, avec ses 770 condamnés et ses 2,500 hectares
d'étendue il y a cinq ans, se faisait aussi bien que l'on vient
de le voir.

6

CHAPITRE VII.

Dépenses de création des fermes agricoles pénitentiaires. — Voies et moyens.

§ 1ᵉʳ. — Création.

La deuxième objection que l'on pourra me faire est celle-ci : Mais il faudra des sommes fabuleuses pour créer ces 35 à 40 fermes, construire d'immenses bâtiments, acheter 500 hectares en moyenne pour chacune d'elles, élever de longs et hauts murs de clôture, avoir un cheptel, un outillage, des engrais de fondation, etc.

Certes oui, il faudra dépenser de grosses, très grosses sommes pour les établir et les mettre en bonne marche ; mais combien ? Voyons, supputons-les pour une ferme à population *maxima* de 1,000 à 1,200 condamnés, car, d'après l'*ensemble* de mon système de *pénalité* et de *répression à la fois financière et corporelle,* c'est à peine si, au bout de quatre à cinq ans (déduction faite des reclusionnaires à plus de quinze ans, que l'on enverrait outre-mer), il resterait en France 30,000 à 35,000 condamnés ou condamnées adultes de un à quinze ans.

Donc, comptons, et portons la *dépense* au *maximum* [1] :

Pour *bâtiments, annexes* et *murs d'enceinte,* en un mot tous travaux de maçonnerie, il me semble que 3,500,000 francs paraîtront plus que suffisants, surtout

---

[1] La prison de Grenoble, construite il y a peu d'années, va me servir de point de comparaison décisif :

Sa surface est de 9,720 mètres carrés, savoir : *bâtiments,* 3,405 mètres ; cours, 6,315.

Le terrain a coûté (*intra-muros* de Grenoble, par conséquent huit à dix fois plus cher qu'en campagne ou montagne), 90,780 fr.; *les bâtiments,* 611,430 fr.

si, comme en Angleterre, on emploie à cette édification
tous les condamnés ouvriers ou manœuvres du bâtiment, et
la même nature et disposition de briques des prisons anglaises, lesquelles coûtent beaucoup moins que les nôtres.
(Voir ci-après, note du § 2.) D'ailleurs, même avec
grande partie de pierres de taille, une prison n'est pas une
œuvre d'art, et l'ornemaniste n'a rien à y faire. Donc, en
maintenant 3,500,000 fr., je suis au-dessus de toutes *dépenses imprévues,* mais il vaut mieux exagérer les dépenses
et *minimer* les recettes................Fr.   3,500,000

Pour *mobilier,* exagérons jusqu'à   100,000

Achat du terrain pour bâtiments et ferme :
pas bien grosses sommes de ce chef, car ce terrain loin des villes, ne produisant presque rien,
ne coûtera *au plus, en moyenne,* que 600 à
800 fr. l'hectare ; mais portons chaque hectare
à 1,000 fr., et adoptons le chiffre moyen de
500 hectares pour chaque ferme; ci   500,000

Outillage agricole et industriel *de fondation,* car il sera plus tard développé, entretenu
dans et par le personnel détenu. Mettons 100 fr.
par tête de 1,000 détenus; ci.............   100,000

Cheptel de fondation (achat d'animaux de
travail, d'élevage, d'alimentation, de toison,
de trait, de basse-cour, etc.); exagérons encore
et portons de ce chef....................   300,000

Engrais de fondation, idem   100,000

Pour autres frais, somme à valoir, etc.....   400,000

Soit, au maximum.......Fr.   5,000,000

Nous voilà donc, pour chaque ferme pénitentiaire de
500 hectares, en présence d'un débours (*maxima* réellement exagéré en tout) de cinq millions de francs, soit pour

30 à 35 (chiffre surélevé aussi), 175 millions, lesquels, en réalité, ne seront qu'*une avance*, car cette dépense sera productive dès la première année de création faite, plus productive encore par accroissements annuels de recettes ; par ainsi, l'intérêt est assuré, et même plus tard, lors de l'*ultima* et régulière production, un amortissement pourrait peut-être fonctionner, s'il était alors jugé nécessaire.

Mais où prendre ces 175 millions ? A la fois, comme pour tous autres travaux *publics,* dans les caisses départementales et de l'Etat. Et, en cette matière, il y a obligation par loi spéciale : celle du 5 juin 1875, relative à l'appropriation des prisons au régime cellulaire, à « l'*emprisonnement individuel* » édicté par ladite loi, rend cette transformation obligatoire pour les départements, mais elle leur accorde le concours financier de l'Etat dans des proportions du 1/4, du 1/3, ou même de la moitié, selon que *le centime* affecté aux prisons produit moins de 20,000 fr., ou de 20,000 à 40,000, ou plus de 40,000 fr. (art. 7). Et, comme on va le voir, cette quote-part de l'Etat se traduit par des sommes considérables ; ainsi, en 1881, en une seule séance, le conseil supérieur des prisons a accordé cinq subventions, au total de 2,473,000 fr., à cinq départements seulement, ceux du Rhône, du Doubs, du Nord, des Alpes-Maritimes et de la Haute-Marne, pour les aider à aménager leurs prisons selon le système cellulaire établi par cette loi du 5 juin 1875.

Il est vrai que, d'après ladite loi, les allocations de l'Etat pour édification ou appropriation des prisons ne visent que « l'emprisonnement individuel, » mais nos législateurs n'ont qu'à substituer à ces mots ceux de « fermes agricoles pénitentiaires, » et à laisser subsister tout le reste. D'ailleurs, mieux vaut encore abroger purement et simplement toute la loi de 1875, et se contenter de suivre

pour la fondation de mes fermes les mêmes habitudes ad-
ministratives qui déterminent les contingents de l'Etat
pour tous travaux d'intérêt général, tels que lycées, mu-
sées, routes, etc., travaux pour lesquels la quote-part du
Trésor est souvent de moitié, et même des trois quarts.

Tout cela est donc parfaitement possible, d'autant plus
possible que l'on peut ne créer d'abord que 15 à 20 de ces
fermes ; et, en l'état des budgets actuels, quels magnifiques *dégrèvements* que ceux, d'abord de la suppression du
déficit habituel de 18 millions au service des prisons, ensuite
d'une très considérable augmentation des produits agricoles
et d'une fort heureuse transformation morale du défectueux
et onéreux système pénitentiaire actuel !

§ 2. — Atténuations aux dépenses de création.

D'ailleurs, il y aurait de fortes atténuations, ou immé-
diates, ou successives, à la grosse dépense de premier établissement. Ainsi, entre autres :

1° *L'aliénation* (c'est-à-dire la *vente) des bâtiments et
des terrains des 21 maisons centrales* actuelles (dont on
pourrait conserver une d'hommes, une de femmes, comme
maisons de force (alors cellulaire si l'on tient à conserver
un Mazas), pour y incarcérer les plus mauvais sujets, les
révoltés *incorrigibles* condamnés à nouveau pour méfait
commis en *fermes* pénitentiaires ou en prisons, et, ce, en
attendant leur expatriation en l'une des colonies d'outre-
mer) ;

2° *L'aliénation des mobiliers* desdites maisons centrales supprimées ou leur utilisation dans mes fermes ;

3° La diminution de dépense résultant de la possibilité
d'approprier aux fermes les bâtiments d'au moins quelques-
unes des maisons centrales actuelles ;

4° L'économie, assez notable (d'environ un *quart*), qui

serait faite sur les 3,500,000 fr. que je porte en compte de construction des bâtiments d'une ferme pénitentiaire contenant une moyenne de 1,200 condamnés ; économie qui proviendrait de l'emploi de 80 à 100 des détenus à l'édification de ces bâtiments [1] ;

5° La suppression des 4 millions de francs environ encaissés par les entrepreneurs actuels des travaux industriels, et que l'Etat encaisserait par travaux directs ;

6° Les *plus-values,* croissantes d'année en année, des terrains mis en valeur en chaque ferme ;

7° Les *plus-values* des surfaces boisées, reboisées, gazonnées et regazonnées, soit par des escouades de condamnés mises à la disposition de l'administration des forêts, soit par des stations en succursales des fermes pénitentiaires voisines desdites surfaces.

Toutes choses, — et d'autres, — diminuant de bien des millions de francs la dépense simultanée ou successive de ces créations.

D'un autre côté, que peut être la question d'argent en présence des heureux résultats de cette transformation de notre régime pénitentiaire ? Rien. Il serait donc oiseux de justifier davantage les voies et moyens de cette transformation.

---

[1] Edifiée par les convicts, la prison anglaise Woomrwood-Schrubs n'a coûté que 1,250 fr. pour chacune des 1,408 cellules d'autant de détenus. Ce n'est donc qu'un total d'environ 1,500,000 fr. Cela laisse entre ce chiffre et nos 3,500,000 fr. un écart de 2 millions : mettons seulement un million, soit pour chacune de mes 30 à 35 fermes, environ 30 à 35 millions de francs de moins que mon devis approximatif *maxima.*

CHAPITRE VIII.

Utilisation des produits agrico-horticoles, forestiers, fruitiers, etc., etc., des fermes pénitentiaires.

§ 1er. — Produits agricoles.

Dans ma pensée, comment utiliserait-on les produits *agricoles* proprement dits récoltés par nos Fermes de condamnés, c'est-à-dire froments, orges, avoines, maïs, fourrages, vins, alcools, tabacs, bois, pommes de terre, vins, animaux d'alimentation, chevaux, etc., etc. ?

Ils seraient spécialement ACHETÉS *par les ministères de la guerre et de la marine, qui les affecteraient à l'alimentation, aux fournitures, aux remontes, etc., de nos armées de terre et de mer.*

Ces destinations auraient, entre bien d'autres, trois immenses résultats :

1o Meilleure nourriture des soldats, de la cavalerie ;

2o Economies considérables : d'abord, par des prix d'achats directs, sans intermédiaires gagnant beaucoup, tout en cherchant à « *gratter* » le plus possible sur la *qualité* des viandes, pain, vins, fourrages, etc.; puis, par la suppression des gros gains encaissés par les fournisseurs militaires, gain de plusieurs millions de francs ;

3o Avantages fort importants pour la consommation de la France entière, d'abord par un considérable accroissement de la quantité des denrées alimentaires, ensuite par la diminution des hauts prix de ces denrées.

Quelles heureuses conséquences économiques ! La France

agricole pourrait se fermer à bien des importations aujourd'hui onéreuses à notre agriculture et enrichissant..... l'Etranger [1].

§ 2. — Produits horticoles.

Quant aux produits *horticoles* (c'est-à-dire haricots, pois, choux, salades, etc.), quant aux fromages, aux beurres, aux fruits, aux miels et cires, etc., leur première destination serait d'abord la consommation par la population de la *ferme pénitentiaire ;* les besoins intérieurs entièrement assurés, de manière à n'avoir besoin d'acheter aucun légume, les *disponibles* pourraient ou faire l'objet de marchés avec les *garnisons*, ou, à leur défaut, avec les établissements *publics* les plus proches, par exemple avec les écoles normales, hôpitaux-hospices, asiles d'aliénés, etc., c'est-à-dire qu'on ne mènera ces légumes aux marchés des cités ou bourgades voisines que lorsqu'il y aurait impossibilité de les vendre, ainsi que je viens de l'indiquer : on comprend pourquoi.

Selon les localités, nos fermes pénitentiaires pourraient, devraient se livrer, avec grands gains, soit aux *cultures officinales,* telles que : absinthe, aigremoine, anis, armoise, bardane, bourrache, cochléaria, digitale, mauves, menthe poivrée, moutarde, pyrèthres, valériane, verveine officinale, etc. (toutes choses dont l'officine de l'établissement serait le premier acheteur), soit aux cultures dites

1 J'ai été le *premier,* et dès novembre 1875 par une première publication, dès février 1878 par une deuxième, — toutes deux appuyées par une centaine de Tableaux comparatifs et synoptiques, — à « sonner le tocsin » sur les désastreuses conséquences du régime douanier inauguré le 23 janvier 1860 par l'Angleterre et la Belgique le 17 janvier 1863, avec l'Italie il y a dix ans. que j'imprimais à Grenoble en 1875, à Paris en 1878, avec preuves incontestables, que l'Agriculture et l'Industrie de la France étaient sacrifiées à celles de l'Etranger. Et je n'ai eu que trop raison. Que de bonnes et urgentes choses à faire, dans cet ordre de faits, pour rendre prospère notre Patrie !

industrielles, telles que caille-lait, carthame, chardon à foulon, fustel, etc.

Oui, répétons-le avec une foi profonde, avec un enthousiasme raisonné, quelles multiples et heureuses conséquences morales et économiques adviendraient des *fermes agricoles pénitentiaires* et des réformes pénales que je viens d'exposer succinctement !

CHAPITRE IX.

Ce que deviendront les condamnés à leur libération.

§ 1er. — La surveillance de la haute police.

En supposant adoptées, mises en pratique, mes idées PÉNALES et de TRAVAIL AGRICOLE développées ci-avant, que deviendraient les libérés dont la détention ne serait pas allongée, plus ou moins, selon la punition *financière* qui leur aurait été infligée lors du prononcé de la peine *corporelle ?* (Voir ci-avant, § 3, IV p., mes propositions de contrainte par corps pour non-paiement complet des dommages-intérêts alloués à leurs victimes.)

Avant de répondre à cette question, je demande, — quel que soit l'avenir pénitentiaire, — le maintien de la suppression de la surveillance de la haute police ; il me paraît à la fois équitable et de saine économie sociale de ne plus mettre d'entraves à la libre recherche de ses moyens d'existence par le condamné « qui a payé sa dette. » Il est juste qu'il puisse aller chercher du travail partout où il espère gagner sa vie, et cela sans s'exposer à des « ruptures de ban » qui le rejettent sans miséricorde dans le milieu dont il avait peut-être une louable horreur ; ruptures de ban qui, entraînant de ce chef poursuite et condamnation publiques, le forcent, — 50 fois sur 100, — à devenir récidiviste.

§ 2. — Avenir des libérés.

Ce vœu émis, voyons ce que pourraient devenir les condamnés à leur libération :

1° Ou avant leur condamnation ils avaient une profession, et alors ils la reprendront et l'exerceront où ils voudront ;

2° Ou ils n'en avaient aucune, et alors, pendant leur détention, ils auront pu apprendre un métier manuel dans les ateliers que la ferme pénitentiaire se créera pour la fourniture de tels ou tels objets nécessaires à son intérieur, à son exploitation agricole : en ce cas, les libérés rentreront dans la société avec la possibilité de travailler comme ouvriers (tailleurs d'habits, forgerons, cordonniers, tourneurs, menuisiers-ébénistes, mécaniciens, tonneliers, etc.). On n'y ferait des ouvriers que par choix basés sur repentir vrai et sur aptitudes ;

3° Ou, selon leur désir exprimé et facilité, on pourra en faire des colons libres en Algérie, en Calédonie, en Guyane, en Cochinchine, où des concessions de terrain leur seraient faites sous certaines conditions restrictives, avec transport gratuit pour eux et leurs familles. C'est à cela, surtout, que doit tendre la direction supérieure pénitentiaire ;

4° D'autres, très probablement, ne voudront pas quitter la France, car ils seront vite devenus ou des ouvriers agricoles, ou de bons manœuvres culturaux, en ces véritables *fermes-écoles de condamnés :* pour nos fermiers ou propriétaires fonciers à court de bras, ils deviendraient de fort utiles auxiliaires ; et plus il s'en éparpillera dans nos campagnes, moins il y aura de *récidivistes.*

§ 3. — Excédents de recettes des fermes pénitentiaires. Affectations diverses. Fonds indemnitaires pour les victimes des condamnés.

Maintenant, je n'ai plus qu'à énumérer les diverses destinations que, — toutes dépenses *ordinaires* prélevées, —

devraient recevoir les excédents de recettes qui, au bout de peu d'années, adviendraient du nouveau et fécond régime pénitentiaire que je viens d'exposer avec une concision forcée. Et si ces excédents ne suffisaient pas, une dotation budgétaire particulière, — d'obligation en quelque sorte sacrée, — devrait y être éventuellement consacrée.

On en formerait d'*abord* les deux fonds spéciaux ci-après, lesquels seraient *placés* de manière à produire le plus haut intérêt possible. Et cet intérêt, au besoin avec un prélèvement sur le capital, servirait :

1º A INDEMNISER LES VICTIMES DES ATTENTATS CONTRE LES PERSONNES ET LES PROPRIÉTÉS (et, plus spécialement, ceux *contre les personnes*) ; AU CAS DE MEURTRE SUIVI DE' MORT, A INDEMNISER LES ENFANTS ET LES VEUVES, OU, A LEUR DÉFAUT, LES MÈRE ET PÈRE, OU LES AÏEUX DES HOMICIDÉS. — *Les cours d'assises et d'appel, les tribunaux de police correctionnelle fixeraient dans leurs arrêts, ou jugements, les quotités indemnitaires, par appréciation du dommage causé ;*

2º A fournir une *réparation* à la fois PUBLIQUE et effective aux victimes des erreurs judiciaires et aux *prévenus reconnus innocents* soit par arrêts ou jugements, soit par ordonnances de non-lieu. C'est-à-dire réhabilitation publique, solennelle, puis indemnité financière égalant au moins le gain quotidien habituel de chacune des *journées* perdues par l'*innocent* indûment condamné ou arrêté.

Faisons enfin disparaître de notre Législation pénale ce que l'on peut à bon droit appeler des « *lapsus d'équité publique.* » Il y en a déjà tant d'autres, sans ceux-là !

VIᵉ PARTIE.

CONCLUSIONS GÉNÉRALES.

Pour en terminer, revenons maintenant, afin de les affirmer à nouveau, aux argumentations et solutions des IVᵉ et Vᵉ Parties de cette Etude, savoir :

A faire exécuter aux condamnés des deux sexes, d'abord des travaux *ruraux* de toutes sortes, en plein air, par tous les bras pouvant y être employés; puis, par les condamnés *ouvriers* et *ouvrières*, des travaux d'*industrie* proprement dite mais d'INTÉRÊT PUBLIC POUR L'ETAT [1], — travaux agricoles et industriels que les prisonniers sauraient éminemment utiles au pays, à eux-mêmes, et qu'ils sentiraient être un acheminement à leur relèvement moral, — il y aurait certainement encore, et, toujours entre beaucoup d'autres heureuses conséquences, un avantage considérable au point de vue de l'état disciplinaire intérieur de ce que je pourrais qualifier « l'honorabilité prisonnière ». Je m'explique :

La cellule, et aussi l'emprisonnement ordinaire entre quatre murs plus ou moins resserrés, sans échappées d'horizon, sans vue d'aucun coin du ciel, avec une conscience et un cerveau presque constamment fébriles, sont à la longue, et même dès peu après l'incarcération, des causes

---

[1] Ainsi les cordonniers feraient des chaussures, les tailleurs d'habits des uniformes, les couturières des chemises, des musettes, etc., etc., pour nos soldats, notre marine, et pour les condamnés eux-mêmes. Alors quel gain journalier meilleur pour l'Etat, pour la production nationale, pour les prisonniers !

d'atrophies et physiques et intellectuelles. Les chiffres que je donne plus loin le prouvent péremptoirement ; oui, comme, sur ce grave sujet, on ne saurait accumuler trop de preuves, que le lecteur veuille bien prendre connaissance des tableaux statistiques placés aux PIÈCES JUSTIFICATIVES.

Après un certain temps d'emprisonnement, surtout de cellule, — et la moindre infraction au règlement intérieur amène l'encellulement [1], — je considère comme névrotiques, hystériques, lypémanes, nostalgiques, etc., à des degrés plus ou moins graves, les 90/100es des détenus des deux sexes. De là des surexcitations incessantes et *de diverses natures,* qui les portent à commettre en 1880 :

Dans les maisons d'arrêt départementales, 2,380 violences sur gardiens et co-détenus, *577 actes d'immoralité,* 1,461 refus de travail et 24,350 infractions *diverses ;*

Dans les 6 maisons *centrales* de femmes, dont la population en 1880 était de 2,729, il y a eu seulement 22 actes immoraux, 85 violences, 83 rébellions-mutineries, 86 refus de travail, mais... 1,875 infractions au silence. En tout, 3,299.

Dans les 18 *centrales* d'hommes, contenant 13,927 individus (y compris les pénitenciers), il y a eu 1,220 vols, 3,295 voies de fait, 2,085 rébellions-mutineries, 298 immoralités, 2,068 refus de travail, etc., en tout *66,973 infractions.* En outre, il a été déféré aux cours d'assises ou tribunaux correctionnels 7 tentatives d'assassinat sur des

---

[1] Pour 1880, voici le nombre de journées de cellule infligées à titre de *punitions :*

Dans les *maisons centrales :*	Hommes.	Femmes.
Journées de cellule	93,812	»
— de séquestration	2,821	»
— d'observation et d'isolement .	17,807	482
Dans les prisons *départementales*	10,918	910
	125,358	1,392
TOTAL. . . . 126,750		

gardiens, 4 *idem* sur des co-détenus, 10 cas de coups et blessures, 1 d'incendie, 3 rebellions, 2 outrages publics à la pudeur, 20 vols au préjudice de l'Etat et 4 escroqueries. En tout, 51 cas d'assises ou de correctionnelle.

En présence de ce triste état de choses, n'est-on pas fondé à chercher à porter du calme dans ces esprits, à entretenir et à ramener, autant que possible, la force et la santé morales et physiques dans ces êtres si souvent privés de ce qui constitue l'*Homme* dans sa véritable et noble acception ?

N'est-on pas fondé à croire que si le corps et la pensée de l'incarcéré avaient pour objectifs ou ce labeur agricole si moralisateur, hygiénique au premier chef, et qui guérit ou atténue même la folie, ou des travaux industriels vraiment producteurs, le malheureux prisonnier ne deviendrait pas le tributaire de bien des maladies inhérentes au système pénitentiaire de nos jours ? Maladies qui, à commencer par celles du cerveau, de la moëlle épinière, des méninges, des actes contre nature si fréquents en cellule, transforment très rapidement la plupart des prisonniers en non-valeurs sociales soit quant à la moralité, soit quant à la production nationale tant en prison qu'après libération.

Enfin, n'est-on pas fondé à demander que les criminels soient considérés et traités comme des malades sociaux, qu'à ce titre ils soient soumis à une répression *non vengeresse*, mais réhabilitante et moralisatrice ? Pour qu'elle le soit, il est absolument nécessaire que le détenu se réhabilite à ses propres yeux par un travail qui sera moralisateur pour le plus grand nombre par cela même qu'ils le sauront d'une utilité multiple.

J'ai fini. Et cependant, en semblables sujets, que de réformes encore à opérer aux points de vue des *responsabilités*, des réformes et délais juridiques, du coût de « la

Justice, » des pénalités ou trop infimes pour certains cas (tels que falsifications de denrées alimentaires, compagnies financières vrais coupe-gorges pour l'épargne trop crédule, attentats à la pudeur, fausses déclarations en contrats de mariage, opérations des syndics de faillites, etc.), ou trop rigides en certains autres !

Mais à quoi bon entrer dans des détails et exposer des *desiderata* qui ne seraient que secondaires, ou même tertiaires ? Dès que le Législateur aura mis sur nos Codes, — pour ce que demandent les pages qui précèdent, — une main réformatrice, rationnellement, forcément pour ainsi dire, de par les transformations pénales et pénitentiaires que je propose et qui seront un jour ou l'autre la clef de voûte d'un nouvel édifice juridique, l'on marchera de modifications en modifications ; au fur et à mesure, tels et tels points seront mis en lumière ; et alors, posément, d'une manière bien réfléchie, le *Mieux* se réalisera en ces questions sociologiques de première importance. Le Moraliste, le Penseur, l'Homme d'Etat, le Législateur ont, à résoudre ces si hautes questions, un bien noble rôle : nous les convions à le remplir, et au plus tôt !

———

Je l'ai déjà dit en la Préface de ce Livre, qui m'a coûté tant de rudes études, tant de consciencieuses recherches :

Je me plais à espérer qu'après m'avoir lu avec attention, mes lecteurs me rendront ce bon témoignage que, dans cette nouvelle publication comme par toutes mes précédentes, j'ai cherché à être, — encore et toujours, — utile à la saine Démocratie, c'est-à-dire à celle qui travaille avec fruit, celle qui fonde POUR TOUS ET POUR CHACUN.

Grenoble, le 20 janvier 1886.

B. NICOLLET.

I.

ALIÉNATION MENTALE, EPILEPSIE,

SUICIDES (OU TENTATIVES DE SUICIDES).

Cas constatés au cours de 1880 dans les Maisons centrales et les Pénitenciers agricoles.

	Aliénés.	Epileptiques.	Suicides.	(Tentatives de).
Dans les 15 centrales d'hommes de la France (population : 11 616).....	34	56	5	9
Dans les 3 pénitenciers agricoles de la Corse (2 311 détenus)...........	»	2	»	»
Dans les 6 centrales de femmes de la France (2,729 détenues)	11	6	»	»
TOTAL GÉNÉRAL....	45	64	5	9

123 cas.

On le voit, rien que deux épileptiques, point d'aliénés ni de suicides dans les trois pénitenciers agricoles, pendant toute l'année 1880, et sur un total de 123 cas.

En même cours de 1880, et dans les **prisons départementales,** il y a eu, sur une population de 23,659 détenus (19,332 hommes, 4,327 femmes), 1,310 cas semblables, savoir :

Aliénation mentale.		Epilepsie.		Suicides.	
Hommes.	Femmes.	Hommes.	Femmes.	Hommes.	Femmes.
724	258	244	64	17	3
TOTAUX : 982		308		20	

1,310 cas.

II.

ÉTAT SANITAIRE des 15 maisons centrales d'hommes, comparativement avec celui des pénitenciers agricoles. (*Population :* des 15 centrales, 11,616 ; des 3 pénitenciers corses, 2,311 ; soit 13,927.)

NATURE DES MALADIES AYANT AMENÉ L'ADMISSION A L'INFIRMERIE. (Maisons centrales d'hommes et pénitenciers agricoles.)	Dans les trois pénitenciers agricoles.			TOTAL DES CAS DE MALADIES dans les trois pénitenciers agricoles.	TOTAL GÉNÉRAL pour toutes les maisons centrales d'hommes, y compris ces trois pénitenciers.
	de CASABIANDA.	de CASTELLUCCIO.	de CHIAVARI.		
APPAREIL CIRCULATOIRE.					
Maladies du cœur et du péricarde . .	1	»	2	3 sur	129 cas
— des artères et des veines . .	»	»	»	»	46
APPAREIL RESPIRATOIRE.					
Pneumonies, pleurésies, etc. . . .	10	18	10	38	419
Maladies des bronches et du larynx .	48	10	32	90	1,011
Phthisie pulmonaire	»	1	5	6	375
APPAREIL DIGESTIF ET ANNEXES.					
Angines	2	1	2	5	111
Indigestions et embarras gastriques. .	»	22	2	24	915
Gastrites, entérites, diarrhées, etc. .	39	15	33	87	569
Péritonites	»	5	1	6	38
Mal. du foie, des voies biliaires et de la rate	71	6	8	85	133
Mal. des voies urinaires, *organes génitaux*	»	2	3	5	174
APPAREIL CÉRÉBRO-SPINAL ET NERVEUX.					
Mal. du *cerveau*, de la *moëlle* et des *méninges*.	»	1	1	2	90
Névralgies	»	»	»	»	107
Névroses	12	»	»	12	29
Epilepsie	»	1	1	2	39
Folie	1	»	»	1	20
Idiotie	»	»	»	»	4
APPAREIL DES SENS, DE LA PEAU ET DU TISSU CELLULAIRE.					
Maladies des yeux	7	4	4	15	186
Malad. des oreilles, du nez et de la bouche.	3	»	3	6	118
Abcès, furoncles, ulcères, etc. . . .	11	1	8	20	442
Erysipéles.	2	15	»	17	144
Maladies diverses de la peau . . .	5	»	1	6	113
APPAREIL LOCOMOTEUR.					
Rhumatismes.	»	9	7	16	364
— articulaires . . .	12	1	5	18	110
Arthrites, caries, nécroses, etc. . .	»	1	1	2	91
APPAREIL SÉCRÉTOIRE.					
Hydropisies diverses	»	2	2	4	102
PYREXIES.					
Fièvres intermittentes	810	285	514	1,609	1,744
Fièvre typhoïde.	17	6	8	31	400
Fièvres diverses.	228	»	5	233	566

Quant aux nombreux cas de *fièvres intermittentes* (probablement *paludéennes* pour la plupart), il n'y a pas lieu d'en tirer déductions contraires à mes thèses, car sur 2,859 cas, savoir :

Casabianda...........	1,675	
Castelluccio..........	448	soit........ 2,859
Chiavari.............	736	

il y a eu 1,704 guérisons, savoir :

à Casabianda....................	1,530	
à Castelluccio...................	402	2,704
à Chiavari.....................	772	

Différence seulement..... 155

Desquels il y a à déduire un total *général* de... 106 décès advenus de toutes sortes de maladies énumérées au grand Tableau qui précède. Donc........ 49 seulement restaient malades fin décembre 1880. Et il ne faut pas, en présence de ces chiffres, perdre de vue que les *emplacements* de Casabianda, de Castelluccio et de Chiavari, la climatologie de la Corse, la nature spéciale des travaux (dessèchements de marécages, défrichements de sols vierges, etc.), hygiène intérieure et personnelle probablement défectueuse, etc., etc., auraient dû, sans que l'on pût en être surpris, singulièrement aggraver l'état sanitaire des 2,311 détenus de ces trois pénitenciers. Etonnons-nous, au contraire, de n'avoir pas à constater plus de décès sur tant de maladies, dont la plupart des causes étaient certainement antérieures à l'incarcération en Corse.

ÉTAT SANITAIRE des Prisons départementales.

Pour 23,659 détenus et détenues, au cours de 1880, il y a eu 14,076 entrées aux infirmeries, savoir :

Maladies chroniques.		Maladies aiguës.	
Hommes.	Femmes.	Hommes.	Femmes.
5,428	1,434	4,624	2,590
6,862		7,214	

TOTAL...... **14,076**

FIN.

PRINCIPAUX TRAVAUX ÉCONOMISTES

de M. B. Nicollet.

(Exemplaires épuisés.)

De quelques Réformes possibles (in-12 de plus de 100 pages : 1849).

Les Syndicats d'Endiguement de l'Isère (in-8° de 32 pages : 1851).

Code des Sociétés de secours mutuels (in-8° : 1855).

Code de Procédure administrative (en collaboration : gr. in-8° de plus de 400 pages ; 1856).

Des Grèves ouvrières et des moyens de les prévenir (gr. in-8° : trois éditions : 1869, 1870 et 1871 : encore quelques exemplaires des 1re et 2e éditions, à 1 fr.).

Du Travail des enfants dans l'industrie (1873).

Des Chambres syndicales mixtes (1876).

Taxes Pain et Viande (rétablissement des deux), (1871, 1874, 1876).

De 1874 à 1879, rédacteur de la partie officielle des Sociétés d'agriculture de l'Isère au *Sud-Est agricole et horticole*.

Caisses d'Epargnes scolaires (1876).

Deux *Etudes sur les Traités de commerce dits libre-échangistes* (1875 à Grenoble, 1878 à Paris : fascicules avec environ 150 Tableaux synoptiques-comparatifs, formant 2 volumes in-8°).

Rapport au Préfet de l'Isère sur la partie agrico-horticole de l'Exposition universelle de 1878, comme délégué départemental.

Réforme des Boissons et Suppression des Octrois et de l'Exercice des Boissons : réponses au 65 questions du Questionnaire parlementaire (1879).

La France et l'Europe devant la Turquie et l'Egypte (Etude de politique franco-internationale, publiée en juin 1882).

Etude sur l'Exposition scolaire de Grenoble en 1883 (16 articles formant un volume in-12).

Environ 15 volumes d'articles économistes, politiques, agricoles, d'alimentation publique, etc.

www.ingramcontent.com/pod-product-compliance
Lightning Source LLC
Chambersburg PA
CBHW071107260626
47162CB00006B/2237